小学数学
思维活动课

主　编◎廖碧娥
副主编◎陈锦丽　林旋清　欧阳康

西安出版社

图书在版编目（CIP）数据

小学数学思维活动课 / 廖碧娥主编. —西安：西
安出版社，2023.11

ISBN 978-7-5541-7183-7

Ⅰ.①小… Ⅱ.①廖… Ⅲ.①小学数学课—教学
资料 Ⅳ.①G623.503

中国国家版本馆CIP数据核字（2023）第206134号

小学数学思维活动课

XIAOXUE SHUXUE SIWEI HUODONGKE

出版发行：西安出版社
社　　址：西安市曲江新区雁南五路 1868 号影视演艺大厦 11 层
电　　话：（029）85264440
邮政编码：710061
印　　刷：北京政采印刷服务有限公司
开　　本：787mm×1092mm　1 / 16
印　　张：7.25
字　　数：95千字
版　　次：2023 年 11 月第 1 版
印　　次：2023 年 12 月第 1 次
书　　号：ISBN 978-7-5541-7183-7
定　　价：58.00 元

前　言

亲爱的数学爱好者：

　　你是否有这样的困扰，喜欢数学但是数学成绩却不够理想，喜欢数学但是课内知识常让你感觉"吃"得不过瘾，喜欢数学但是一遇到有趣且较复杂的题目却苦恼没方法解答……

　　兴趣是最好的老师，它可以使学习变得事半功倍；思维训练能够帮助我们挖掘潜能，突破数学学习的瓶颈。作为数学学科的爱好者，本书在同步提高的基础上，恰好能满足你的需求，解决你的困惑，请打开它，细细品读，加以练习，相信它能带给你不一样的收获，助力你的数学学习更上一层楼。

　　本书以数学新课标为准绳，立足于小学数学基础知识，进行拓展延伸；以数学思维训练为核心，着眼于培养学生数学思维能力和良好的思维品质。本书采用启发学生的最佳方法，来打开学生的解题思路。

　　本书设计特色主要体现在以下几方面。

　　"知识凝练"：知识归纳，方法凝练，言简意赅地揭示解题的奥秘。

　　"典例分析"：图文解析，简单明了，循循善诱，让学生在掌握基本思想和基本方法的基础上巧思妙想。

　　"小试牛刀""实战演练"：层层递进、逐级进阶，通过自主演练让学生在思维训练中收获成就感，提升学习数学的兴趣。

对数学思维训练有以下几个建议。

兴趣：保持对数学学习的热情，可以根据学生所学到的知识内容，选择学生感兴趣的、合适的章节进行训练。

时间：学有余力之时可根据学生的学习情况合理安排自主训练，学业繁忙之时建议在周末或者寒暑假进行训练，对平时所学内容进行再提高。

恒心：思维训练从来都不是一件简单容易的事情，也不可能一蹴而就，它是一个循序渐进的系统训练过程。要根据学生的学习进度，持之以恒训练，认真对待每道题目，坚持把每一道题目弄懂弄通，数学思维能力会得到明显提高。

只要有信心，有兴趣，多动脑筋，多思考，多练习，相信每个人都能学好数学。希望本书能助你在数学知识的海洋中做到"法"而有"向"，掌握更多的解题妙招，让你在层层进阶的解题过程中感受到披荆斩棘的快感，学习到数学方法、数学思想、数学知识。

编　者

2022年8月

目 录

第1讲　巧妙组数

知识目标

1. 了解什么是巧妙组数。

2. 掌握巧妙组数的技巧。

知识凝练

按要求组出大数，关键是要掌握以下知识：

1. 亿以内的数位顺序表。

2. 亿以内数的读法、写法。

3. 用四舍五入法求近似数。

典例分析

【例】由5个8和3个0组成的八位数中：

（1）1个零都不读的数有哪些？

（2）3个零都读出来的数有哪些？

1

【分析与解】

（1）1个零都不读，说明这3个零必须在万级或个级的末尾。

① 零在个级的末尾组成的数有88888000；

② 零在万级的末尾组成的数有80008888；

③ 零既在万级的末尾又在个级的末尾组成的数有88808800。

因此，由5个8和3个0组成的八位数，1个零都不读的数有88888000，80008888，88808800。

（2）3个零都读出来，说明这3个零都不能在每级的末尾，必须位于万级和个级的中间或个级的前面，有80880808，88080808。

【小试牛刀】 由4个6和4个0组成的只读一个零的最小八位数是多少？

实战演练

1. 一个六位数四舍五入到万位后是80万，已知它的后三位数字是972，那么这个数最大是（　　　　　），最小是（　　　　　）。

2. 由1，2，3，4组成的四位数共24个，将它们按照从小到大排列，第18个数是（　　　　　）。

3. 一个自然数各数位上的数字之和是15，且各数位上的数字都不相同，符合条件的最大数是（　　　　　），最小数是（　　　　　）。（提示：注意位数的多少和高位数字的大小。）

4. 一个三位数，个位数字是5，如果将个位上的数字移到第一位数字的前面时，所得的新数比原数大288，原数是（ ）。

5.（2003年全国小学数学竞赛初赛B卷试题）有一个四位数，个位上的数字各不相同，它和它的反序数（所谓反序数就是将原来的数字顺序倒过来排列，例如1234的反序数是4321）之和是一个五位数，且这个五位数的数字排列是以当中的数字为对称的，这样的四位数最大可以是（ ）。

第2讲 速算与巧算（一）

知识目标

1. 了解什么样的加、减法计算题目能够速算与巧算。

2. 掌握加、减法速算与巧算的技巧。

知识凝练

1. **基本概念**：加、减法的速算与巧算，主要根据加、减法的运算定律和运算性质，通过对算式适当变形从而使计算简便。

2. **解题思路**：在巧算方法里，要学会把问题进行转化，转化问题法即把所给的算式，根据运算定律和运算性质，或改变它的运算顺序，或减整从而变成一个易于算出结果的算式。

典例分析

【例1】计算：9+98+997+9996。

【分析与解】这四个加数分别接近10，100，1000，10000。因此，在计算这类题目时，常使用减整法。

9+98+997+9996

=（10-1）+（100-2）+（1000-3）+（10000-4）

=10+100+1000+10000-10

=11100

【小试牛刀】计算：1998+2997+4995+5994。

【例2】计算：589+588+587+586+585+584+583。

【分析与解】认真观察每个加数，发现它们都和整数590接近，所以选590为基准数。

589+588+587+586+585+584+583

=590×7-1-2-3-4-5-6-7

=4130-28

=4102

【小试牛刀】计算：2033+2032+2031+2030+2029+2028。

【例3】计算：1032-258-532。

【分析与解】在一个没有括号的算式中，如果只有加、减运算，计算时可以根据运算定律和性质调换加数或减数的位置。

　　　　1032−258−532

　　=1032−532−258

　　=500−258

　　=242

【小试牛刀】计算：338+196+62−96。

【例4】计算：（1）657−（157−97）；（2）989+（678−289）。

【分析与解】在计算有括号的加、减混合运算时，括号前面是加号，去掉括号不变号；括号前面是减号，去掉括号要变号。

　　　　（1）657−（157−97）

　　　　　=657−157+97

　　　　　=500+97

　　　　　=597

　　　　（2）989+（678−289）

　　　　　=989+678−289

　　　　　=989−289+678

　　　　　=700+678

　　　　　=1378

【小试牛刀】计算：8623–（623–289）+552–（452–211）。

【例5】计算：（1）282+898–598；（2）869–639+239。

【分析与解】在计算没有括号的加、减法混合运算式题时，根据题目的特点，采用添括号的方法使计算简便，括号前面是加号，添上括号不变号；括号前面是减号，添上括号要变号。

    （1）282+898–598

        =282+（898–598）

        =282+300

        =582

    （2）869–639+239

        =869–（639–239）

        =869–400

        =469

【小试牛刀】计算：856+1488+396–（256+288）–296。

实战演练

1. 2318+625−1318+375

2. 1082+1085+1083+1084+1081+1080

3. 5623−（623−289）+452−（352−211）

4. 612−375+275+（388+286）

5. 756+1478+346−（256+278）−246

第3讲　速算与巧算（二）

知识目标

1. 了解什么样的乘除法计算题目能够速算与巧算。
2. 掌握乘、除法速算与巧算的技巧。

知识凝练

1. 基本概念：乘、除法的巧算方法是利用乘、除法的运算定律和运算性质以及积、商的变化规律使计算简便。

2. 解题思路：在巧算方法里，通过对算式适当变形，将其中的数转化成整十、整百、整千……的数，或使这道题计算中的一些数变得易于口算，从而使计算简便。在分解因数凑整相乘时，如$25 \times 4=100$，$125 \times 8=1000$，$625 \times 16=10000$等这些特殊算式相乘的积要记住，利于速算。

典例分析

【例1】计算：$625 \div 25$。

【分析与解】在除法里，被除数和除数同时扩大或缩小相同的倍数，商不变。因此可利用625与25分别乘以4，得出的积再相除。

$$625 \div 25$$

$$=（625 \times 4）\div（25 \times 4）$$

$$=2500 \div 100$$

$$=25$$

【小试牛刀】计算：$2500 \div 125$。

【例2】计算：（1）$（350+140）\div 35$；（2）$（510-68）\div 17$。

【分析与解】两个数的和（或差）除以一个数，可以用这个数分别去除这两个数，再求出两个商的和（或差）。

（1）$（350+140）\div 35$

$$=350 \div 35+140 \div 35$$

$$=10+4$$

$$=14$$

（2）$（510-68）\div 17$

$$=510 \div 17-68 \div 17$$

$$=30-4$$

$$=26$$

【小试牛刀】计算：（1）（750+120）÷30；（2）（4600−92）÷46。

【例3】计算：$267 \times 64 \div 89 \times 2$。

【分析与解】在乘除法混合运算中，算式若没有括号，计算时可以根据运算定律和性质调换因数或除数的位置。

$$267 \times 64 \div 89 \times 2$$
$$=267 \div 89 \times 64 \times 2$$
$$=3 \times 64 \times 2$$
$$=384$$

【小试牛刀】计算：$351 \times 30 \div 117 \times 5$。

【例4】计算：（1）$145 \times 162 \div 18$；（2）$1000 \div （125 \div 8）$。

【分析与解】这两道题都是乘除混合运算题，可采用加括号或去括号的方法，使计算简便。其方法与加减混合运算添、去括号的方法类似，括号前是乘号，添、去括号不变号；括号前是除号，添、去括号要变号。

（1）$145 \times 162 \div 18$

$= 145 \times （162 \div 18）$

$= 145 \times 9$

$= 1305$

（2）$1000 \div （125 \div 8）$

$= 1000 \div 125 \times 8$

$= 8 \times 8$

$= 64$

【小试牛刀】计算：（1）$521 \times 276 \div 138$；（2）$100 \div （25 \div 8）$。

实战演练

1. $125 \times 25 \times 32$

2. $261 \times 37 \times 27$

3. $939 \times 48 \div 313 \div 6$

4. $(7 \times 16 \times 10 \times 12) \div (4 \times 5 \times 6)$

5. $209 \div 35 + 142 \div 35 + 314 \div 35$

第4讲　巧妙求和

1. 了解什么样的题目可以巧妙求和。

2. 掌握求和的技巧。

1. **基本概念**：把一些排列出来的整数借助等差数列的求和公式或者将题中的数适当分组，并将每组中的数合理配对，使这些整数的和能够巧妙求出来。

2. **解题思路**：求若干个数的和，要先判断这个数列是不是等差数列。如果是等差数列，可用等差数列求和公式计算。若不是等差数列，可根据题目特点可考虑将题中的数适当分组，并将每组中的数合理配对，使问题得以顺利解决。

3. **等差数列的定义**：一般地，如果一个数列从第二项起，每一项减去它的前一项所得的差都等于一个常数，那么这个数列就是等差数列，这个常数叫作等差数列的公差。

求等差数列和时，经常用到求和公式和项数公式。

求和公式：等差数列总和=（首项+末项）×项数÷2

求项数公式：项数=（末项-首项）÷公差+1

典例分析

【例1】计算1+2+3+⋯+49+50的和。

【分析与解】这个数列是等差数列，我们可以用公式计算。

$$1+2+3+⋯+49+50$$

$$=（1+50）×50÷2$$

$$=51×50÷2$$

$$=1275$$

【小试牛刀】计算2+4+⋯+98+100的和。

【例2】计算：（2+4+6+⋯+102）-（1+3+5+⋯+101）。

【分析与解】观察发现，被减数与减数都是等差数列的和，因此，可以先分别求出它们各自的和，然后相减。其实，若把1～102这102个数分成奇数与偶数两个等差数列，每个数列都有51个项。因此，我们也可以把这两个数列中的每一项分别对应相减，可得到51个差，再求出所有差的和。

$$（2+4+6+⋯+102）-（1+3+5+⋯+101）$$

$$=（2-1）+（4-3）+（6-5）+⋯+（102-101）$$

=1+1+1+…+1

=51

【小试牛刀】计算：（1+3+5+…+201）－（2+4+6+…+200）。

实战演练

1. 1+2+3+…+99+100。

2. 9+18+27+36+…+270+279

3. （1+3+5+…+2001）－（2+4+6+…+2000）

4. 32把锁的钥匙搞乱了，为了使每把锁都配上自己的钥匙，至多要试几次？

5. 小丽读一本童话故事书，她第一天读了20页，从第二天起，她每天读的页数都比前一天多4页，第10天读了56页，正好读完这本书。这本书共有多少页？

第5讲 加法原理（一）

1. 了解什么是加法原理。

2. 掌握哪种题目用加法原理解决。

知识凝练

1. 基本概念：把完成一件事的方法分成几类，每一类中的任何一种方法都能完成任务，所以完成任务的不同方法数等于各类方法数之和，这就是加法原理。

2. 解题思路：如果完成一件任务有 n 类方法，在第一类方法中有 m_1 种不同方法，在第二类方法中有 m_2 种不同方法……在第 n 类方法中有 m_n 种不同方法，那么完成这件任务共有 $N=$ 第一类方法数+第二类方法数+…+最后一类的方法数 $=m_1+m_2+\cdots+m_n$（种）不同的方法。

3. 分类标准：做到不重复，不遗漏。

典例分析

【例】旗杆上最多可以挂两面信号旗，现有红色、绿色和黄色的信号旗各一面，如果用挂信号旗表示信号，最多能表示出多少种不同的信号？

【**分析与解**】根据挂信号旗的面数可以将信号分为两类。第一类是只挂一面信号旗，有红、黄、绿3种；第二类是挂两面信号旗，有红黄、红绿、黄绿、黄红、绿红、绿黄6种，所以一共可以表示出不同的信号有

$$3+6=9（种）$$

【**小试牛刀**】从A地到B地，可以坐动车，也可以乘汽车，还可以坐飞机。一天中动车有5班，汽车有4班，飞机有3班。问：一天中乘坐这些交通工具从A地到B地，共有多少种不同走法？

实战演练

1. 数一数下图中有多少条线段。（如果线段上有 n 个点呢？）

2. 数一数下图中有多少个锐角。（如果角上有 n 条边呢？）

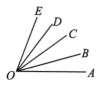

3. 数一数下图中共有多少个三角形?

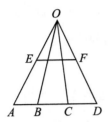

4. 掷一枚骰子两次，两次出现的数字之和为偶数的情况有多少种?

5. 南京去上海可以乘火车、乘飞机、乘汽车和乘轮船。如果每天有10班火车、5班飞机、9班汽车和2班轮船，那么共有多少种不同的走法?

第6讲　加法原理（二）

知识目标

利用加法原理在"图上作业"的解题方法，要学会寻找题目中的规律。

知识凝练

解题思路：通常解题时，总是要先列出算式，然后求解。可是对有些题目来说，这样做不仅麻烦，而且有时根本就列不出算式，所以这一讲我们介绍利用加法原理在"图上作业"的解题方法。

典例分析

【例】笑笑要登上8级台阶，她每一步只能登1级或2级，她登上8级台阶共有多少种登法？

【分析与解】登上第1级台阶只有1种登法。登上第2级台阶可由第1级台阶上去，或者从平地跨2级上去，故有2种登法。登上第3级台阶可从第1级台阶跨2级上去，或者从第2级台阶上去，所以登上第3级台阶的方法数是登上第1级台阶的方法数与登上第2级台阶的方法数之和，共有1+2=3（种）。

一般地，登上第n级台阶，或者从第$n-1$级台阶跨一级上去，或者从第$n-2$级台阶跨两级上去。根据加法原理，如果登上第$n-1$级和第$n-2$级分别有a种和b种方法，则登上第n级有（$a+b$）种方法。因此，只要知道登上第1级和第2级台阶各有几种方法，就可以依次推算出登上之后各级的方法数。由登上第1级有1种方法，登上第2级有2种方法，可得出下面一串数：

1，2，3，5，8，13，21，34。

其中，从第三个数起，每个数都是它前面两个数之和。登上第8级台阶的方法数对应这串数的第8个，即13+21=34（种）。也可以在图上直接写出计算得出的登上各级台阶的方法数（见下图）。

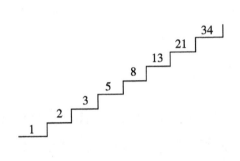

【小试牛刀】小明要登12级台阶，每步登1级或2级台阶，共有多少种不同登法？

实战演练

1. 明明家总共10辆玩具车，每次借走1辆或2辆车给亮亮，把这10辆车全部借给亮亮有多少种不同借法？

2. 明明家总共10辆玩具车，每次借走2辆或3辆车给亮亮，把这10辆车全部借给亮亮有多少种不同借法？

3. 明明家总共10辆玩具车，每次可借走1~3辆车给亮亮，把这10辆车全部借给亮亮有多少种不同借法？

4. 在下图中，从A点沿实线走最短路径到B点，共有多少条不同路线？

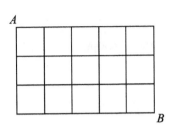

5. 在下图中，C点刚好在修路不能通过，要绕过C点，那么从A点沿实线走最短路径到B点，请问共有多少条不同路线？

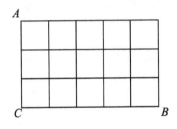

第7讲　乘法原理

知识目标

1. 了解乘法原理的主要内容。

2. 清楚什么时候用乘法原理，分清有几个必要的步骤，以及各步之间的关系。

知识凝练

1. 乘法原理：完成一件事需要分成n个步骤，第一步有m_1种不同的方法，第二步有m_1种不同的方法……第n步有m_n种不同的方法。那么完成这件事情一共有$N=m_1 \times m_2 \times \cdots \times m_n$（种）不同的方法。

2. 解题思路：从乘法原理可以看出，将完成一件任务分成几步做是解决问题的关键。

3. 基本解法：

（1）完成一件事分N个必要步骤。

（2）每步找种数（每步的情况都不能单独完成该件事）。

（3）步步相乘。

典例分析

【例1】淘气从家到学校需要经过一座桥，从家到桥有2条路可以走，从桥到学校有3条路可以走。淘气从家到学校一共可以有多少种不同的走法？

【分析与解】

（1）找事件：淘气从家走到学校。

（2）画图分析：

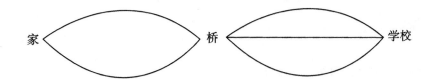

（3）分析事件步骤：淘气从家到学校的路分为两步，第一步从家到桥，第二步从桥到学校。这两步中每一步都不能单独走完从家到学校的路，只有两步合在一起，才能完成。因此，淘气从家到学校一共有2×3=6（种）不同的走法。

【小试牛刀】邮递员投递邮件由A村去B村的道路有3条，由B村去C村的道路有2条，那么邮递员从A村经B村去C村，共有多少种不同的走法？

【例2】有4个数字卡片5，6，7，8，用这四个数字卡片组成三位数，可以组成多少个？

【分析与解】

（1）找事件：组成三位数。

（2）分析事件步骤：组成三位数要分成三步，第一步选取百位上的数字，有4种选择；第二步选择十位上的数字，有3种选择；第三步选择个位上的数字，有2种选择，所以共有4×3×2=24（种）。

【小试牛刀】由3，6，9这3个数字可以组成多少个没有重复数字的三位数？

【例3】"数学"这个词的英文单词是"MATH"。用红、黄、蓝、绿、紫五种颜色去分别给字母染色，每个字母染的颜色都不一样。这些颜色一共可以染出多少种不同搭配方式？

【分析与解】

（1）找事件：给字母染色。

（2）分析事件步骤：给字母染色需要分成四步：

第一步，对字母"M"染色，此时有5种颜色可以选择；

第二步，对字母"A"染色，由于字母"M"已经用过一种颜色，所以对字母"A"染色只有4种颜色可以选择；

第三步，对字母"T"染色，由于字母"M"和"A"已经用去了2种颜色，所以对字母"T"染色只剩3种颜色可以选择；

第四步，对字母"H"，染色，由于字母"M""A"和"T"已经用去了3种颜色，所以对字母"H"染色只有2种颜色可以选择。

由乘法原理，共可以得到5×4×3×2=120（种）不同的染色方式。

【小试牛刀】"IMO"是国际数学奥林匹克的缩写,把这3个字母用3种不同颜色来写,现有5种不同颜色的笔,问共有多少种不同的写法?

【例4】由2,4,8这3个数字可以组成多少个三位数?

【分析与解】

(1)找事件:组成三位数(注意题目没有说不可以重复)。

(2)分析事件步骤:组成三位数要分成三步:第一步选取百位上的数字,有3种选择;第二步选择十位上的数字,有3种选择;第三步选择个位上的数字,有3种选择。所以共有3×3×3=27(个)。

【小试牛刀】用数字1,2,3,4可以组成多少个三位数?

实战演练

1. 从A地去B地有5种走法,从B地去C地有3种走法,那么小明从A地经B地去C地有多少种不同的走法?

2. 题库中有三种类型的题目，数量分别为20道、30道和40道，每次考试要从三种类型的题目中各取一道组成一张试卷。问：由该题库共可组成多少种不同的试卷？

3. 笑笑有许多种服装，帽子的数量为5顶，上衣有10件，裤子有8条，还有皮鞋6双，每次出行要从几种服装中各取一个搭配。问：共可组成多少套不同的服装搭配？（帽子可以选择戴与不戴）

4. "学习改变命运"这6个字要用6种不同颜色来写，现只有6种不同颜色的笔，问共有多少种不同的写法？

5. 用5种不同颜色的笔来写"智康教育"这四个字，相邻的字颜色不同，共有多少种写法？

6.（1）由数字0，1，2，3，4可以组成多少个两位数？（2）由数字0，1，2，3，4可以组成多少个没有重复数字的两位数？

第8讲　找规律

1. 抓住数与数、算式与算式、图形与图形的内在联系，找出其变化规律。
2. 学会用加、减、乘、除来寻找规律。

1. 基本解法：从数与数、算式与算式、图形与图形找出规律，一般可以从两个方面观察判断：前后两个数（图形）之间的关系或相隔两个数之间的关系。

2. 规律适用性：对于找到的规律，应该适合这组数中的所有数或这组算式中的所有算式。

【例】先找出下列数排列的规律，并根据规律在括号里填上适当的数。

2，5，8，11，（　），17，20

【分析与解】在这列数中，相邻的两个数的差都是3，即前一个数加上3

都等于后面的一个数。根据这一规律，括号里应填的数为11+3=14或17-3=14。

像上面按照一定的顺序排列的一串数叫作数列。

【小试牛刀】先找出下列各列数的排列规律，然后在括号里填上适当的数。

（1）1，4，9，16，（　　），36，49，…

（2）1，1，2，3，5，8，（　　），21，…

实战演练

1.找规律填数。

5，6，10，12，15，18，（　　），（　　）

2.根据下表中的排列规律，在空格里填上适当的数。

4	24	6
8		9
12	144	12

3.下面每个括号里的两个数都是按一定的规律组合的，在□里填上适当的数。

（8，4）（5，7）（10，2）（□，9）

4.找规律计算。

（1）32+23=（3+2）×11=5×11=55

（2）76+67=（7+6）×11=13×11=143

（3）98+89=（□+□）×11=□×11=□

5. 找规律计算。

（1）81-18=（8-1）×9=7×9=63

（2）72-27=（7-2）×9=5×9=45

（3）54-45=（□-□）×9=□×9=□

第9讲 归一问题和归总问题

知识凝练

基本概念：我们日常做题遇到某些问题时，常常需要先找出"单一量"，然后以这个"单一量"为标准，根据其他条件求出结果。用这种解题思路解答的应用题，称为归一问题。

"单一量"是指单位时间的工作量、物品的单价、单位面积的产量、单位时间所走的路程等。与归一问题类似的是归总问题，归总问题是找出"总量"，再根据其他条件求出结果。"总量"是指总路程、总产量、工作总量、物品的总价等。

典例分析

【例1（归一问题）】一种钢轨，5根共重2000千克，现在有12000千克

钢，可以制造这种钢轨多少根？（损耗忽略不计）

【分析与解】以一根钢轨的重量为单一量。

（1）一根钢轨重多少千克？

$$2000 \div 5 = 400（千克）$$

（2）12000千克能制造多少根钢轨？

$$12000 \div 400 = 30（根）$$

综合列式为：

$$12000 \div （2000 \div 5）= 30（根）$$

答：可以制造30根钢轨。

【小试牛刀】建筑队3天可以修好240千米长的公路，照这样的速度，长为640千米的公路，几天能修好？

【例2（归总问题）】一条泥泞路要铺成水泥路的工程中，9个人同时铺10小时可以完成，如果只有6个人同时铺路，那么多少小时可以完成？

【分析与解】（1）工程总量相当于1个人工作多少小时？

$$9 \times 10 = 90（时）$$

（2）6个人完成这项工程需要多少小时？

$$90 \div 6 = 15（时）$$

综合算式为：

$$9 \times 10 \div 6 = 15（时）$$

答：6个人完成这项工程需要15小时。

【小试牛刀】小明家从深圳开车回老家茂名，小轿车每小时行驶70千米，6小时到达。若要5小时到达，则每小时需要行驶多少千米？

实战演练

1. 小明和小丽打字速度一样，两人2分钟打字620个，照这样的速度，再加上小思后，三人6分钟可打多少个字？

2. 笑笑家养了4头奶牛，6天产牛奶456千克，照这样计算，7头奶牛10天可产牛奶多少千克？

3. 2台同样的洒水机2分钟洒水面积为840平方米，6台这样的洒水机6300平方米的地几分钟可以洒完？

4. 修一条公路，原计划40人工作，30天完成。现在工作10天后，又增加了10人，这样剩下的部分再用多少天可以完成？

5. 面包店老板去批发市场买鸡蛋，原计划按每千克5元买30千克，结果鸡蛋价格上调了，他用这笔钱只买到25千克鸡蛋，请问鸡蛋价格上调后每千克多少元？

第10讲　鸡兔同笼问题

1. 熟悉鸡兔同笼的"砍足法"和"假设法"。

2. 利用鸡兔同笼的方法解决一些实际问题，需要把多个对象恰当组合转化成两个对象。

知识凝练

大约一千五百年前，我国古代数学名著《孙子算经》中记载了一道数学趣题：

"今有雉兔同笼，上有三十五头，下有九十四足，问雉兔各几何？"

意思是：笼子里有若干只鸡和兔，从上面数，有35个头；从下面数，有94只脚。鸡和兔各有几只？这就是著名的"鸡兔同笼"问题。

【解鸡兔同笼的基本步骤】

方法一：砍足法（抬腿法）

假如砍去每只鸡、每只兔一半的脚，则每只鸡就变成了"独脚鸡"，每只兔就变成了"双脚兔"。这样，鸡和兔的脚的总数就由94只变成了47只。

如果笼子里有一只兔子，则脚的总数就比头的总数多1。因此，脚的总只数47与总头数35的差，就是兔子的只数，即47-35=12（只）。显然，鸡的只数就是35-12=23（只）。

方法二：假设法（经典）

（顺口溜：鸡兔同笼很奥妙，用假设法能做到，假设里面全是鸡，算出共有几只脚，和脚总数做比较，做差除二兔找到。）

解鸡兔同笼问题的基本关系式是：

如果假设全是兔，那么则有

鸡数=（每只兔子脚数×鸡兔总数-实际脚数）÷（每只兔子脚数-每只鸡脚数），

兔数=鸡兔总数-鸡数；

如果假设全是鸡，那么就有

兔数=（实际脚数-每只鸡脚数×鸡兔总数）÷（每只兔子脚数-每只鸡脚数），

鸡数=鸡兔总数-兔数。

【解题关键】

1. 当头数一样时，脚的关系：兔子是鸡的2倍。

2. 当脚数一样时，头的关系：鸡是兔子的2倍。

【判断鸡兔同笼问题】

两种东西，一种差别（头数相同，腿数不同）。

典例分析

【例1（基本型）】 鸡兔共有35只，关在同一个笼子中。每只鸡有两条腿，每只兔子有四条腿，笼中共有100条腿。请问笼中有鸡多少只？兔子多少只?

【分析与解】

1. 假设全是鸡：鸡的总腿数为2×35=70（条），比实际少算100-70=30（条），每只兔子少算腿数为4-2=2（条），兔子数为30÷2=15（只），鸡数为35-15=20（只）。

2. 假设全是兔：兔总腿数为4×35=140（只），比实际多算140-100=40（条），每只鸡多算4-2=2（条），鸡数为40÷2=20（只），兔子数为35-20=15（只）。

3.（砍足法）假设每只鸡都是"金鸡独立"，一条腿站着；而每只兔子都是两条后腿，像人一样用两只脚站着。现在，地面上出现的腿是总数的一半，也就是100÷2=50（只）。在50中这个数中，鸡的头数算了一次，兔子的头数相当于算了两次，因此从50减去总头数35，剩下的就是兔子头数，50-35=12（只），所以有15只兔子，有鸡35-15=20（只）。

【例2（差量型）】动物园里养了一些梅花鹿和鸵鸟，共有脚208只，鸵鸟比梅花鹿多20只，梅花鹿和鸵鸟各有多少只？

【分析与解】解题关键：当头数一样时，脚的关系为兔子是鸡的2倍。

（捆绑法）假设鸵鸟和梅花鹿的只数相同，则从总脚数中减去鸵鸟多的20只的脚数得208-20×2=168（只）。这168只脚是现在梅花鹿的脚数和鸵鸟的脚数（注意此时梅花鹿和鸵鸟的只数相同）脚数的和，将一只梅花鹿和一只鸵鸟分为一组，则每组的脚数和是2+4=6（只），所以梅花鹿的只数是：168÷6=28（只），从而鸵鸟的只数是28+20=48（只）。

【例3（差量型）】鸡兔同笼，鸡兔共107只，兔脚比鸡脚多56只，问鸡、兔各多少只？

【分析与解】解题关键：当脚数一样时，头的关系为鸡是兔子的2倍。

1.（卖兔法）假设兔子的腿数和鸡的腿数一样，则需要减少兔子数为

56÷4=14（只），现在鸡兔总数是107-14=93（只）；已知一只鸡的脚数是一只兔的一半，而现在鸡脚、兔脚相同，可得鸡的只数是兔子的2倍，根据和倍问题有兔子数为93÷3=31（只），31+14=45（只），鸡的数量为107-45=62（只）。

2.（买鸡法）假设鸡的腿数和兔子的腿数一样，则需要增加鸡的只数为56÷2=28（只），现在鸡兔总数是107+28=135（只）且鸡的数量是兔子的2倍，根据和倍问题可得，兔子数为135÷3=45（只），鸡的只数为45×2-28=62（只）。

【例4（变式型）】每只完整的螃蟹有2只螯、8只脚。现有一批螃蟹，共有25只螯，120只脚。其中可能有多少缺螯少脚的，但每只螃蟹至少保留1只螯、4只脚。这批螃蟹最多有（　　）只，至少有（　　）只。

【分析与解】若要螃蟹尽量多，那么螃蟹的螯和脚要尽量少，光看螯的话，螯最少为1，螃蟹最多为25只，只看脚的话，脚最少为4，螃蟹最多为120÷4=30（只），所以螃蟹最多为25只。同理，若要螃蟹尽量少，那么螃蟹的螯和脚要尽量多，光看螯的话，螯最多为2只，螃蟹最少为12+1=13（只），只看脚的话，脚最多为8，螃蟹最少为120÷8=15（只），所以螃蟹最少为13（只）。

【例5（变式型）】100名学生参加社会实践，高年级学生两人一组，低年级学生三人一组，共有41组。问：高、低年级学生各多少人？

【分析与解】解题关键：可以把高年级组看成鸡的模型，低年级组看成兔子模型。

假设全为高年级学生，则只需41×2=82（人），实际100人，100-82=18（人），所以有18组低年级学生，高年级学生有41-18=23组，高年级学生为23×2=46（人），低年级学生为18×3=54（人）。

【例6（变式型）】淘气和笑笑计划用50天假期练习书法，将3755个一级常用汉字练习一遍。淘气每天练73个汉字，笑笑每天练80个汉字，每天只有一人练习，每人每天练习不同的字，这样，他们正好在假期结束时完成计划。他们各练习了多少天？

【分析与解】解题关键：鸡兔同笼模型，可以把天数看成头数，汉字个数看成是脚数；

假如50天全是笑笑练字，那么能练80×50=4000（个）字，多了4000-3755=245（个），而淘气每多一天就少80-73=7（个）字，所以淘气练了245÷7=35（天），笑笑练了50-35=15（天）。

【例7（变式型）】在一次数学争霸赛，共有20道题，每道题做对得5分，没做或做错都要扣2分，乐乐得了79分，他做对了多少道题？

【分析与解】假设全做对，则可得20×5=100（分），比实际得分多了100-79=21（分），做对与做错分差为5+2=7（分），做错了（5×20-79）÷（5+2）=3（道），因此，做对了20-3=17（道）。

【例8（变式型）】有两次科学测验，第一次24道题，答对1题得5分，答错（包含不答）1题倒扣1分；第二次15道题，答对1题得8分，答错或不答1题倒扣2分，小明两次测验共答对30道题，但第一次测验得分比第二次测验得分多10分，问小明两次测验各得多少分？

【分析与解】方法一：如果小明第一次测验24题全对，得5×24=120（分），那么第二次只做对30-24=6（题），得分是8×6-2×（15-6）=30（分）。两次相差120-30=90（分），比题目中条件相差10分多了80分。说明假设的第一次答对题数多了，要减少。第一次答对减少一题，少得5+1=6（分），而第二次答对增加一题不但不倒扣2分，还可得8分，因此增加8+2=10（分）。两者两差数就可减少6+10=16（分），（90-10）÷（6+10）=5（题）。因此，第一次答对题数要比假设（全对）减少5题，也就是第一次答对19题，第二次答对30-19=11（题）。第一次得分5×19-1×（24-19）

=90（分），第二次得分8×11–2×（15–11）=80（分）。

方法二：答对30题，也就是两次共答错24+15–30=9（题）。第一次答错一题，要从满分中扣去5+1=6（分），第二次答错一题，要从满分中扣去8+2=10（分）。答错题互换一下，两次得分要相差6+10=16（分）。如果答错9题都是第一次，要从满分中扣去6×9。但两次满分都是120分。比题目中条件"第一次得分多10分"，分数少了6×9+10。

因此，第二次答错题数是（6×9+10）÷（6+10）=4（题），第一次答错9–4=5（题）。

第一次得分为5×（24–5）–1×5=90（分），第二次得分为8×（15–4）–2×4=80（分）。

【例9（变式型）】大、小猴共35只，它们一起去采摘水蜜桃。猴王不在时，一只大猴一个小时可采摘15千克，一只小猴子一小时可摘11千克；猴王在场监督的时候，每只猴子不论大小每小时都可以多采摘12千克。一天，它们采摘了8小时，其中第一小时和最后一小时猴王在监督，结果共采摘了4400千克水蜜桃。在这个猴群中，共有小猴子多少只？

【分析与解】其实大猴子和小猴子就相当于鸡兔问题中的鸡和兔。但是却有猴王来捣乱，所以我们先让猴王消失。一天中，猴王监视了2小时，假设猴王一直都不在，与猴王在时相比，每只猴子每小时都会少采12千克，那样猴群只能采摘4400–35×2×12=3560（千克），这是一天也就是8小时的工作量，据此可以求出这群猴每小时采3560÷8=445（千克）。假设都是大猴子，应该每小时采摘15×35=525（千克），比实际多采了525–445=80（千克）。而每只小猴子被假设成大猴子，会多采15–11=4（千克）。因此，可以求出小猴子有80÷4=20（只）。

【例10（多量型）】有蜘蛛、蜻蜓、蝉三种昆虫共18只，共有腿118条，翅膀20对（蜘蛛8条腿；蜻蜓6条腿，两对翅膀；蝉6条腿，一对翅膀），蜻蜓有多少只?

【分析与解】这是在鸡兔同笼基础上发展变化的问题。观察数字特点,蜻蜓、蝉都是6条腿,只有蜘蛛8条腿。因此,可先从腿数入手,求出蜘蛛的只数。

(1)假设三种昆虫都是6条腿,则总腿数为6×18=108(条),所差118-108=10(条),必然是由于少算了蜘蛛的腿数而造成的。因此,应有(118-108)÷(8-6)=5(只)蜘蛛。这样剩下的18-5=13(只)便是蜻蜓和蝉的只数。

(2)从翅膀数入手,假设13只都是蝉,则总翅膀数1×13=13(对),比实际数少20-13=7(对),这是由于蜻蜓有两对翅膀,而我们只按一对翅膀计算所差,这样蜻蜓只数为7÷(2-1)=7(只)。

【小结】这道题出现了三种昆虫,关键是寻找不同动物的相同点,把三种动物化为两类,先使用"鸡兔同笼"问题的解法把另外特殊的一种区分出来,再使用另外条件区分具有相同点的动物。

【例11(复杂多变量型)】从甲地至乙地全长45千米,有上坡路,平路,下坡路。李强上坡速度是每小时3千米,平路上速度是每小时5千米,下坡速度是每小时6千米。从甲地到乙地,李强行走了10小时;从乙地到甲地,李强行走了11小时。问从甲地到乙地,各段路段分别是多少千米?

【分析与解】把来回路程45×2=90(千米)算作全程。去时上坡,回来是下坡;去时下坡,回来时上坡。把上坡和下坡合并成"一段"路程,看作单位1,$2÷\left(\dfrac{1}{3}+\dfrac{1}{6}\right)$=4千米,平均速度是每小时4千米。现在形成一个非常简单的"鸡兔同笼"问题。头数10+11=21(只),总脚数90条,鸡、兔脚数分别是4条和5条。因此,平路所用时间是(90-4×21)÷(5-4)=6(时)。单程平路行走时间是6÷2=3(时)。从甲地至乙地,上坡和下坡用了10–3=7（时），行走路程是45–5×3=30（千米）。又是一个"鸡兔同笼"问题。从甲地至乙地，上坡行走的时间是（6×7–30）÷（6–3）=4（时），行走路程是3×4=12（千米）。下坡行走的时间是7–4=3（时），行走路程是6×3=18（千米）。

【例12（复杂多变量型）】假日广场为招揽顾客举办购物抽奖。奖金有三种：一等奖1000元，二等奖250元，三等奖50元。共有100人中奖，奖金总额为9500元。获得二等奖的人有多少名？

【分析与解】假设全是三等奖，共有9500÷50=190（人）中奖，比实际多190–100=90（人），1000÷50=20（个），也就是说，把20个三等奖换成一个一等奖，奖金总额不变，而人数减少了20–1=19（人）。250÷50=5（个），也就是说，把5个三等奖换成一个二等奖，奖金总额不变，而人数减少了5–1=4（人）。因为多出的是90人，而90=19×2+4×13（个），即要使总人数为100人，只需要把20×2=40（个）三等奖换成2个一等奖，把5×13=65（个）三等奖换成13个二等奖就可以了。因此，二等奖有13个人。

【小试牛刀】一个养殖场内，鸡比兔多36只，共有脚792只，鸡兔各几只？

实战演练

1. 乐乐家养了一些鸡和兔子，它们被同时养在一个笼子里，乐乐数了数，它们共有35个头，94只脚。乐乐家养的鸡和兔各有多少只？

2. 鸡、兔共60只，鸡脚比兔脚多60只。鸡、兔各多少只？

3. 鸡与兔共100只，鸡的脚数比兔的脚数少28。鸡与兔各几只？

4. 学校有30间宿舍，大宿舍每间住6人，小宿舍每间住4人。已知这些宿舍中共住了168人，那么其中有多少间大宿舍？

5. 李明和张亮轮流打一份稿件，李明每天打15页，张亮每天打10页，他们连续打了25天，平均每天打12页，李明、张亮各打了多少天？

6. 一次口算比赛，规定：答对一题得8分，答错一题扣5分。亮亮答了18道题，得92分，亮亮在此次比赛中答错了多少道题？

7. 张明、李华两人进行射击比赛，规定每射中一发得20分，脱靶一发扣12分，两人各射了10发，共得208分，其中张明比李华多64分，则张明射中多少发？

8. 现有大小油桶50个，每个大桶可装油4千克，每个小桶可装油2千克，大桶比小桶共多装油20千克，问大小桶各多少个？

9. 犀牛、羚羊、孔雀三种动物共有头26个，脚80只，犄角20只。已知犀牛有4只脚、1只犄角，羚羊有4只脚，2只犄角，孔雀有2只脚，没有犄角。那么，犀牛、羚羊、孔雀各有几只呢？

10. 商店出售大、中、小气球，大球每个3元，中球每个1.5元，小球每个1元。张老师用120元共买了55个球，其中买中球的钱与买小球的钱恰好一样多。问每种球各买几个？

11. 有50位同学前往参观，乘电车前往每人1.2元，乘小巴前往每人4元，乘地铁前往每人6元。这些同学共用了车费110元，其中乘小巴的同学有多少位？

第11讲 盈亏问题

1. 了解什么是盈亏问题，能够辨别不同盈亏问题的类型。

2. 掌握盈亏问题的几种基本解题方法。

3. 熟悉复杂的盈亏问题，能用方法巧妙转化为基本盈亏问题。

在日常生活中，我们常常会遇到这样的问题：把一定数量的物品平均分，每份少一些，则物品就有剩余（即盈）；每份多一些，则物品就不够（即亏）。凡是研究这一类算法的应用题，我们均称之为盈亏问题。

【盈亏问题的基本解法】

1. 根据两次分配中的"盈""亏"情况，先求出分的份数：

（盈+亏）÷两次分配之差=份数

（大盈–小盈）÷两次分配之差=份数

（大亏–小亏）÷两次分配之差=份数

2. 根据每次分的数量与份数，求总数量：

每次分的数量×份数+盈=总数量每次分的数量×份数-亏=总数量

【点拨】总量与份数是恒定不变的，利用画图表解题。

典例分析

【例1（一盈一亏）】萌宠园的饲养员准备了一桶小鱼干要分给小猫咪们，如果每只小猫咪分5条，则剩下15条；如果每只小猫咪分6条，则还差20条，请问这桶小鱼干一共有多少条，小猫咪一共有多少只？

【分析与解】（画线段图分析）

第一次分小鱼干：

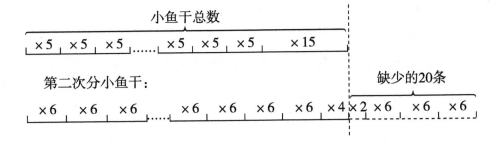

由题意可知，"×5"的线段数="×6"的线段数=猫咪的数量，由线段图可知，"×6"组成的线段总长-"×5"组成的线段总长=15+20，也就是（×6×猫咪数量）-（×5×猫咪数量）=35。

所以猫咪数量为35÷（6-5）=35（只），小鱼干数量为35×5+15=190（条）。

【例2（两盈）】淘气和同学们准备打车去萌宠园，如果每人出8元，就多出了8元；每人出7元，就多出了4元。那么有多少人去萌宠园？打车的价钱是多少？

【分析与解】（直接计算）

"多8元"与"多4元"两者相差8-4=4（元），每个人要多出8-7=1

（元），因此就知道，共有4÷1=4（人），打车的价钱是8×4-8=24（元）。

【例3（两亏）】饲养员将一堆桃子分给一群猴子，如果每只猴子分10个桃子，则缺24个桃子；如果每只猴子分8个桃子，则缺2个桃子。求有多少只猴子？多少个桃子？

【分析与解】第一种分配方案亏24个桃子，第二种方案亏2个桃子，两者相差24-2=22（个），两次分配之差是10-8=2（个），由盈亏问题公式得，参与分桃的猴子数有22÷2=11（只），有桃子11×10-24=86（个）。

【例4（盈适足）】一位老师给学生分糖果，如果每人分4粒就多9粒；如果每人分5粒正好分完，有多少位学生？共多少粒糖果？

【分析与解】第一种分配方案盈9粒糖，第二种方案不盈不亏，所以盈亏总和是9粒，两次分配之差是5-4=1（粒），由盈亏问题公式得，参与分糖的同学有9÷1=9（人），有糖果9×5=45（粒）。

【复杂盈亏问题】注意：（1）条件转换；（2）关系互换。

【例5（复杂盈亏问题1）】林老师由家里到学校，如果每分钟骑车500米，上课就要迟到3分钟；如果每分钟骑车600米，就可以比上课时间提前2分钟到校。林老师家到学校的路程是多少米？

【分析与解】

每分钟骑车500米，迟到3分钟 $\xrightarrow{\text{转化}}$ 每分钟骑车500米，余3×500=1500米；

每分钟骑车600米，提前2分钟 $\xrightarrow{\text{转化}}$ 每分钟骑车600米，少2×600=1200米；

林老师家到学校需要（1500+1200）÷（60-50）=270（分），

林老师家到学校的路程为500×（270+3）=136500（米）。

【例6（复杂盈亏问题2）】在桥上用绳子测量桥离水面的高度。若把绳子对折垂到水面，则余8米；若把绳子折3折垂到水面，则余2米，问桥有多高，绳子有多长？

【分析与解】

绳子对折余8米 $\xrightarrow{\text{转化}}$ 绳子展开，余2×8=16米；

绳子折3折余2米 $\xrightarrow{\text{转化}}$ 绳子展开，余3×2=6米。

条件可以转化为：给桥高分两段绳子多出16米，

给桥高分三段绳子多出6米，

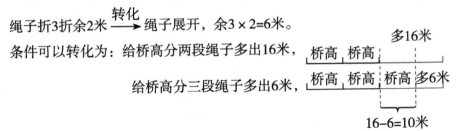

则桥高为2×8-3×2=10（米），绳长为2×10+2×8=36（米）。

【例7（复杂盈亏问题3）】 国庆节快到了，萌宠园的饲养员们去摆花盆。如果每人摆5盆花，还有3盆没人摆；如果其中2人各摆4盆，其余的人各摆6盆，这些花盆正好摆完。问有多少饲养员参加摆花盆活动，一共摆了多少花盆？

【分析与解】 这是一道有难度的盈亏问题，主要难在对第二个已知条件的理解上：如果其中2人各摆4盆，其余的人各摆6盆，这些花盆正好摆完。这组条件中包含着两种摆花盆的情况——2人各摆4盆，其余的人各摆6盆。如果我们把它统一成一种情况，让每人都摆6盆，那么就还差6×2-2×4=4（盆）。因此，原问题就转化为：如果每人各摆5盆花，还有3盆没人摆；如果每人摆6盆花，还缺4盆。有多少饲养员，一共摆多少花盆？人数为（3+4）÷（6-5）=7（人），盆数为5×7+3=38（盆）或6×7-4=38（盆）。

【小试牛刀】 秋天到了，小白兔收获了一筐萝卜，它按照计划吃的天数算了一下，如果每天吃4个，要多出48个萝卜；如果每天吃6个，则又少8个萝卜。那么小白兔收获的萝卜有多少个？计划吃多少天？

实战演练

1. 学生分练习本，如果每人分7本，则多18本；如果每分10本，则多6本。学生有多少人？练习本有多少本？

2. 若干个小朋友分糖，如果每人分15块则少18块，如果每人分13块则少6块。有多少个小朋友？有多少块糖？

3. 笑笑由家里到学校，如果每分钟走50米，上课就要迟到3分钟；如果每分钟走60米，就可以比上课时间提前2分钟到校。笑笑家到学校的路程是多少米？

4. 四（9）班举行"六一"联欢活动，班主任林老师带着一笔钱去买糖果。如果买杧果味糖果13千克，还差4元；如果买白兔奶糖15千克，则还剩2元。已知每千克杧果味糖果比白兔奶糖贵2元，那么，林老师带了多少元钱？

5. 淘气奶奶带着一笔钱去买肉，若买10千克牛肉则还差6元，若买12千克猪肉则还剩4元。已知每千克牛肉比猪肉贵3元，淘气奶奶带了多少钱？

6. 露露的爷爷买回一筐梨，分给全家人。如果露露和妹妹二人每人分4个，其余每人分2个，还多出4个；如果露露1人分6个，其余每人分4个。露露家有几人？

7. 奇思买了一本《趣味数学》，他计划：如果每天做3道题目，则剩下16道题目；如果每天做5道题目，则最后一天只要做1道题目。那么这本书共有几道题目？奇思计划做几天？

8. 幼儿园将一筐苹果分给小朋友，如果全部分给大班的小朋友，每人分5个，则余下10个；如果全部分给小班的小朋友，每人分到8个，则缺2个。已知大班比小班多3人，这筐苹果共有多少个？

第12讲　还原问题

1.了解什么是还原问题，了解学习加、减、乘、除运算的变化规律。

2.利用逆运算这些规律来解决一些较简单的问题。

（知识凝练）

已知一个数，经过一系列运算后得到一个新数，反过来，从最后得到的数倒推回去，可以得出原来的数，这种求原来的数的问题，称为还原问题。

【判断】

1.已知结果。

2.已知步骤/过程。

【基本方法】

倒推法：

（1）根据原题的叙述顺序，根据上面列出数量关系式；

（2）从最后的结果出发，采用与原题中相反的逆运算方法，原题加的用减，减的用加，乘的用除，除的用乘。

单变量：画顺序图。

多变量：列表格。

典例分析

【例1（单变量）】 已知一个数减去3，加上6，乘以4，再除以8，结果等于16，请问原来这个数是多少？

【分析与解】（画顺序图再倒推）

$$(\ ) -3 \ (\ ) +3 \ (\ ) \times 4 \ (\ ) \div 8 = 16$$

$$(29) +3 \ (26) -6 \ (32) \div 4 \ (128) \times 8$$

综合算式：$16 \times 8 \div 4 - 6 + 3 = 29$。

【例2（错题型）】 迷糊猫在做一道加法题时，把一个加数个位上的9看作6，十位上的6看作9，结果和是174，那么正确的结果应该是多少？

【分析与解】（画顺序图再倒推）

$$(\ ) \xrightarrow{-3} (\ ) \xrightarrow{+30} 174$$

个位上9看作6 十位上6看作9

综合算式：$174 - 30 + 3 = 147$。

【例3（单变量）】 一个人沿着公园马路走了全长的一半后，又走了剩下路程的一半，还剩下1千米。公园马路全长多少千米？

【分析与解】 结合线段图及倒推法：1千米是第一次剩下的路程的一半，所以第一次剩下路程就是 $1 \times 2 = 2$（千米）。而第一次剩下的路程2千米又是全程长的一半，所以全程长为 $2 \times 2 = 4$（千米）。

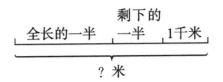

【例4】小明、小强和小勇三个人共有故事书60本。如果小强向小明借3本后，又借给小勇5本，那么三个人有的故事书的本数正好相等。这三个人原来各有故事书多少本？

【分析与解】根据结果三个人故事书本数相同，可求最后每人有故事书60÷3=20（本）。如果小强不借给小勇5本，那么小强有20+5=25（本），小勇有20-5=15（本）；如果小强不向小明借3本，那么小强有25-3=22（本），小明有20+3=23（本）。

【例5】甲乙两桶油各有若干千克，如果要从甲桶中倒出和乙桶同样多的油放入乙桶，再从乙桶倒出和甲桶同样多的油放入甲桶，这时两桶油恰好都是36千克。两桶油原来各有多少千克？

【分析与解】

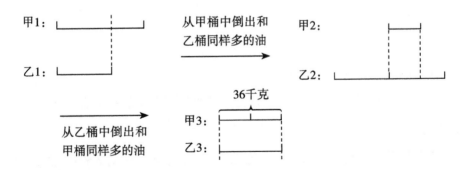

结合线段图及倒推法：

甲2桶应有油36÷2=18（千克），乙2桶应有油36+18=54（千克）；

乙1桶原有油54÷2=27（千克），甲1桶原有油18+27=45（千克）。

【小试牛刀】货场原有水泥若干吨。第一次运出原有水泥的一半,第二次运进450吨,第三次又运出现有水泥的一半又50吨,结果剩余水泥的2倍是1200吨。货场原有水泥多少吨?

实战演练

1. 迷糊猫做一道减法题时,把被减数十位上的6看作9,减数个位上的9看作6,结果差577,那么正确的结果应该是多少?

2. 你知道下面每个起点上的数字各是几吗?

$\boxed{} \xrightarrow{-7} \boxed{} \xrightarrow{\times 4} \boxed{} \xrightarrow{-9} \boxed{} \xrightarrow{+8}$ 11

$\boxed{} \xrightarrow{\times 3} \boxed{} \xrightarrow{-6} \boxed{} \xrightarrow{+7} \boxed{} \xrightarrow{\div 8}$ 2

$\boxed{} \xrightarrow{+9} \boxed{} \xrightarrow{-8} \boxed{} \xrightarrow{\div 6} \boxed{} \xrightarrow{\times 9}$ 36

$\boxed{} \xrightarrow{-7} \boxed{} \xrightarrow{\times 6} \boxed{} \xrightarrow{\times 3} \boxed{} \xrightarrow{\div 6}$ 6

3. 猪八戒化斋讨来一篮果子。吃了一半，觉得不够，又吃了剩下的一半，还觉得不够，又吃了剩下的一半，最后又偷偷吃了2个果子，觉得饱了，把剩下的给唐僧吃，孙悟空一看篮子里只剩下4个果子了。猪八戒一共吃了多少个果子？

4. 小乐拿出一些棋子玩游戏，她每次拿出其中的一半再放回1颗，这样一共做了三次，最后还剩3颗棋子，你知道小乐一共拿出了多少颗棋子？

5. 有甲、乙两堆棋子，其中甲堆棋子多于乙堆，现在按如下方法移动棋子：第一次从甲堆中拿出和乙堆一样多的棋子放到乙堆，第二次从乙堆中拿出和甲堆剩下的同样多的棋子放到甲堆；第三次又从甲堆中拿出和乙堆同样多的棋子放到乙堆，这时两堆棋子恰好都是32个。甲、乙两堆棋子原来各有多少个？

第13讲　平均数问题

1. 了解什么是平均数问题，掌握平均数应用题的意义和数量关系。
2. 通过变式掌握较复杂的求平均数应用题的结构特征及解答方法。

日常生活中我们会遇到这样的问题：几个杯子中的水有多有少，为了使每个杯子中的水一样多，就将水多的杯子里的水倒进水少的杯子里，反复几次，直到几个杯子里的水一样多。这就是我们所讲的"移多补少"，通常称之为平均数问题。

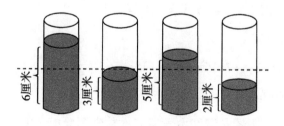

【基本公式】

总数量÷总份数=平均数

总数量÷平均数=总份数

平均数×总份数=总数量

【计算方法】

（1）平均数=总数量÷总份数

（2）移多补少（基准数法）

基准数法：基数+（各数与基数的差之和÷份数）=平均数

典例分析

【例1（☆）】奇思这学期的5次数学测验得分分别是95，96，88，89，97，请问奇思5次数学测验成绩的平均分是多少？

【分析与解】方法一：平均数=总数÷份数

（95+96+88+89+97）÷5=93（分）

方法二：基准数法

（1）找基准数：每次的测验分数与90比较接近，可以选择90作为基准数；

（2）算"零头"：找出每次测验分数与基准数90的差，大于基准数的差作为加数，如95=90+5，5作为加数；小于基准数的差作为减数，如88=90-2，2作为减数，把这些差累计起来，再除以5。

基准数：90

算零头：5+6-2-1+7=15（分）　　15÷5=3（分）

平均分：90+3=93（分）

【例2（☆）】下图是淘气本学期五次数学测验成绩的统计图，则淘气的五次测验的平均分是（　　　　）分。

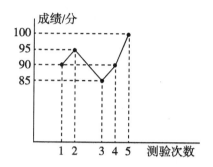

【分析与解】平均分=总分数÷次数

（90+95+85+90+100）÷5=92分

【例3（☆☆）】已知8个数的平均数是8，如果把其中一个数改为8后这8个数的平均数变为7，那么这个被改动的数原来是____。

【分析与解】先分别求出改动前后的总数，再算出前后总数之差。

原来8个数的和：8×8=64，改动后8个数的和：7×8=56，相差：64−56=8，所以原数是8+8=16。

【例4（☆☆）】妙想本周看完了一本《数学大王》。第一天她看了13页，接下来的三天平均每天看了17页，最后三天看了41页。她平均每天看《数学大王》多少页？

【分析与解】要求妙想平均每天看《数学大王》多少页，就要知道这本书的总页数和读完这本书的总天数。

《数学大王》的总页数为：13+17×3+41=105（页），看的总天数为1+3+3=7（天）；

根据总数量总天数平均数，可得（13+17×3+41）÷（1+3+3）=15（页），所以妙想每天看《数学大王》15页。

【例5（☆☆）】一辆新能源摩托车从A地开往B地，前2小时每小时行驶70千米，后2小时每小时行驶50千米，这辆摩托车平均每小时行驶多少千米？

【分析与解】根据已知条件，先求这辆摩托车行驶的总路程：

70×2+50×2=240（千米），再求行驶的总时间：2+2=4（小时），最后求出平均每小时行驶的路程：240÷4=60（千米）。

【例6（☆☆）】乐乐期末考试后先知道了语文、数学和科学三科成绩的平均分是96分，英语成绩公布后，四科平均分下降了2分，乐乐的英语成绩是多少分？

【分析与解】已知三科成绩平均分是96分，可以求出三科成绩总分数，英语成绩公布后，四科平均成绩是：96−2=94（分），就可以求出四科的总分数，用四科的总分数减去三科的总分数就是英语的分数。

语文、数学和音乐三科总分数：96×3=288（分）。

四科总分数：（96−2）×4=376（分）。

英语的分数：376−288=88（分）。

综合列式：（96−2）×4−96×3=88（分）。

【例7（☆☆）】婷婷的三门功课的成绩，如果不算语文，平均分是98分；如果不算数学，平均分是93；如果不算英语，平均分是91。婷婷三门功课的平均成绩是（　　　　）分。

【分析与解】

因为（英语+数学）+（语文+英语）+（语文+数学）的分数为98×2+93×2+91×2（分），

所以（语文+数学+英语）的分数为98+93+91=282（分），所以三门功课的平均成绩为282÷3=94（分）。

【例8（☆☆☆）】洋洋家2022年全年用电量10200千瓦时，上半年的月平均用电量比下半年的月平均用电量少100千瓦时。洋洋家下半年月平均用电量为____千瓦时。

【分析与解】

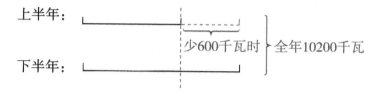

上半年：

少600千瓦时   全年10200千瓦

下半年：

洋洋家上半年的总用电量比下半年少600千瓦时，则下半年用电量为（10200+600）÷2=5400（千瓦时），下半年月平均用电量为5400÷6=900（千瓦时）。

【例9（☆☆☆）】一次数学竞赛满分是100分，某班前六名同学的平均得分是95.5分，排名第六的同学得分是89分，每人得分是互不相同的整数，那么排名第三的同学至少得多少分？

【分析与解】要想排名第三的同学得分尽量低，则其他几人的得分就要尽量的高，故第一名应为100分，第二名应为99分，因此第三、四、五名的总分为95.5×6-100-99-89=285（分），故第三、四、五名的平均分为285÷3=95（分），因此第三名至少要得96分。

【例10（☆☆☆☆）】数学游戏大王争霸赛原定一等奖10人、二等奖20人，现在将一等奖中最后4人调整为二等奖，这样得二等奖的学生的平均分提高了1分，得一等奖的学生的平均分提高了3分。那么原来一等奖平均得分比二等奖平均得分多多少分？

【分析与解】本题中所涉及的都是分数之间的差值，无法求出具体的平均分数，因此我们需要找一个分数作为基准数。由于一等奖中的后4名同学联系着一等奖与二等奖两部分，我们不妨就取这四名同学的平均分作为基准数。

根据题目中的条件一，前六人平均分比前十人平均分高3分，这说明在计算前十人的平均分时，前六人共多出6×3=18（分），用来弥补后四人的分数。因而，后四人的平均分比前十名的平均分少18÷4=4.5（分）。

根据题目中的条件二，当一等奖的后四人调整为二等奖后，二等奖者平均每人提高1分，这四人提供了1×（20+4）=24（分），平均每人提供了24÷4=6（分）。这就说明，原来一等奖后四人的平均分比原来二等奖的平均分多6分。综上可知，原来一等奖的平均分比二等奖的平均分多4.5+6=10.5（分）。

【小试牛刀1】笑笑在计算一组5个数的平均数时，把最后一步的应除以5中的"÷"错写成"×"，于是得到错误结果1500，那么，正确的结果应是（　　　）。

【小试牛刀2】从5开始的一串连续自然数5，6，7，8，…，17，拿走其中一个数，余下的数的平均数是10.75，那么拿走的数是（　　　）。

🔖**实战演练**

1.（☆）校运会上四（1）班有15名同学参加跳绳比赛，他们每分钟跳绳的个数分别为93，94，85，92，86，88，94，91，88，89，92，86，93，90，89，每个人平均每分钟跳绳多少个？

2.（☆☆）篮球队中四名队员的平均身高是182厘米，另一名队员的身高比这五名队员的平均身高矮8厘米，这名队员的身高是多少？

3.（☆☆）超市果品部把2千克酥糖，3千克水果糖，5千克奶糖混合成什锦糖。已知酥糖每千克4.40元，水果糖每千克4.20元，奶糖每千克7.20元。什锦糖每千克多少元？

4.（☆☆）有五个数，平均数是9，如果把其中的一个数改为1，那么这五个数的平均数是8，这个改动的数原来是多少？

5.（☆☆）一个粮仓，第一天运进大米83吨，第二天运进大米74吨，第三天运进大米71吨，第四天运进大米64吨，第五天运进的大米比四天中平均每天运的还多32吨，第五天运进大米多少吨？

6.（☆☆）乐乐翻开自己今年零花钱的记账本发现，他前三个月平均每个月的零花钱是88元，四、五月份两个月的零花钱平均是83元，那么乐乐前五个月的零花钱平均是多少元？

7.（☆☆）在一次动物运动会的50米短跑项目结束后，大公鸡发现：笨笨熊、机灵狗和乖乖兔三人的平均用时为4分钟，而笨笨熊、机灵狗、乖乖兔和小黄鸭四人的平均用时为5分钟。请问小黄鸭在这项比赛中用时多少分钟？

8.（☆☆）六个自然数的平均数是7，其中前四个数的平均数是8，第4个数是11，求后三个数的平均数？

9.（☆☆☆）平平5次测验每次都得84分，安安前4次测验分别比平平多出1分、2分、3分、4分，那么安安第五次测验至少应得多少分，才能确保5次测验平均成绩高于平平至少3分？

10.（☆☆☆）暑假中，笑笑读一本长篇小说。如果第一天读40页，以后每天都比前一天多读5页，结果最后一天读35页可读完；如果第一天读50页，以后每天都比前一天多读5页，结果最后一天读45页可读完。试问这本小说共多少页？

11.（☆☆☆）A，B，C，D，E五人在一次满分100分的考试中，得分互不相同，并且都是大于91的整数。如果A，B，C的平均分为95分，B，C，D的平均分为94分，A是第一名，E是第三名得96分，那么D的得分是多少分？

12.（☆☆☆）赵伯伯为了锻炼身体，每天步行3小时，他先走平路，然后上山，最后又沿原路返回。假设赵伯伯在平路上每小时行4千米，上山每小时行3千米，下山每小时行6千米，在每天锻炼中，他共行走了多少千米？

第14讲　一元一次方程

1. 了解什么是一元一次方程。
2. 掌握一元一次方程解法。

知识凝练

一、认识一元一次方程

含有未知数的等式叫方程，方程一词最早出现于我国古代算书《九章算术》。

只含有一个未知数，且未知数的最高次数是1，等号两边都是整式，这样的方程叫作一元一次方程。

二、解方程

（1）解方程可用等式的基本性质来解。

等式的基本性质：

性质1：等式两边加上（或减去）同一个数（或式子），等式仍然成立。

性质2：等式两边同时乘或除以相同的数或式子（0除外），等式仍然成立。

（2）解方程还可以用移项的方法来解。

把方程中的某一项改变成相反的符号后，从方程的一边移到另一边，这样的变形就是移项。方程的左右两边都含有未知数的项和不含未知数的项时，用移项法解方程会比较方便。移项后，不含未知数的项在方程的一边，含未知数的项就都在方程的另一边了，这样可以使解方程更快捷。

典例分析

【例1】解方程：$6x=3x+9.6$。

【分析与解】

$$6x=3x+9.6$$

解：$6x-3x=3x+9.6-3x$ ← 等式两边同时"$-3x$"

$$3x=9.6$$

$3x \div 3=9.6 \div 3$ ← 等式两边同时"$\div 3$"

$$x=3.2$$

【小试牛刀】

解方程：

（1）$12x=32+4x$；

（2）$40.8-14 \div x=12.8$。

【例2】 解方程：$0.6x-（1-3）=0.4（x-2）+4）$。

【分析与解】 解：先根据乘法分配律去括号，将原方程转化为：

$$0.6x-1+3=0.4x-0.8+4$$

$$0.6x+2=0.4x+3.2$$

在方程的两边同时减去2，得：

$$0.6x=0.4x+1.2$$

在方程的两边同时减去0.4x，得：

$$0.6x-0.4x=0.4x-0.4x+1.2$$

$$0.2x=1.2$$

$$x=6$$

【小试牛刀】 解方程：$0.4（x-0.6）-1.5=1.2x-3.34$。

实战演练

1. 解方程：

（1）$4x+10=8x-14$；

（2）33-3x=18。

2. 解方程：7+x÷14=7.7。

3. 解方程：3（3x-2）=10-0.5（x+3.5）。

4. 解方程：（0.6x+420）=（x+20）=3。

5. 一个数的15倍与48的和是273，这个数是多少？（列方程解答）。

6. 在下面的三个"□"中填入相同的数，使等式成立。

0. 3×□-□×0. 25=21. 15-7×□

第15讲　列方程解应用题

知识目标

1. 学习列方程的思想。

2. 利用列方程的思想解决行程问题。

3. 通过学生解决问题的过程，激发学生的创新思维，培养学生学习的主动性和坚韧不拔、勇于探索的意志品质。

知识凝练

1. 列方程解行程问题：很多稍复杂的应用题，运用算术方法解答有一定困难，列方程解答就比较容易。

2. 解题策略：列方程解应用题的优点是可以使未知的数直接参加运算，列方程时能充分利用我们熟悉的数量关系。因此，对于一些较复杂的行程问题，我们可以用题目中已知的条件和所设的未知数，根据自己最熟悉的等量关系列出方程，方便解题。

【典例分析】

【例1】有黑棋子172只，白棋子97只，每次拿走黑、白棋子各2只，拿（　　）次后，剩下的黑棋子只数是白棋子只数的6倍。

【分析与解】根据题意，等量关系是：黑棋子总数−拿走的黑棋子数=剩下的白棋子数×6。

解：设拿x次后满足题目要求，则

$$172-2x=6 \times （97-2x）$$

$$10x=410$$

$$x=41$$

【例2】已知甲仓库存粮32吨，乙仓库存粮72吨，甲、乙仓库每天又存入4吨，问几天后乙仓库存粮是甲仓库的2倍？

【分析与解】

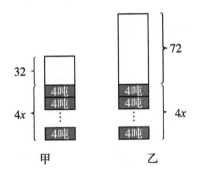

根据题意得等量关系：甲仓库存粮数×2=乙仓库存粮数。

解：设x天后，乙仓库的存粮是甲仓库的2倍，根据题意列方程，得

$$（32+4x） \times 2=72+4x$$

$$64+8x=72+4x$$

$$8x-4x=72-64$$

$$4x=8$$

$$x=2$$

答：2天后，乙仓库的存粮是甲仓库的2倍。

【例3】鸡兔共有100只，鸡脚比兔脚多80只，求鸡兔各有多少只？

【分析与解】解：设鸡的数量为x只，则兔子的数量为（$100-x$）只，根据题意列方程，得

$$2x-4（100-x）=80$$

$$2x-400+4x=80$$

$$2x+4x=80+400$$

$$6x=480$$

$$x=80$$

兔子数量：$100-80=20$（只）。

答：兔子20只，鸡80只。

【例4】甲、乙两人在河中先后从同一地方同速同向游泳，现在甲位于前方，乙距起点20米，两分钟后，乙游到甲现在的位置时，甲已经离起点98米，问乙现在离起点多少米？他们的速度为多少？

【分析与解】设乙现在离起点x米。

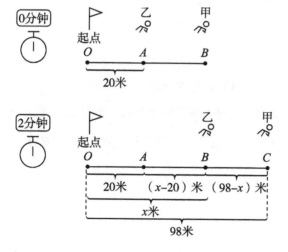

因为甲、乙同速同向，所以甲乙前进的距离一样，即（$x-20$）米=（$98-x$）米。

解：设乙现在离起点x米，根据题意列方程，得

$$x-20=98-x$$

$$x+x=98+20$$

$$2x=118$$

$$x=59$$

2分钟内前进距离为59-20=39（米），速度为39=2=19.51（米/分）。

答：乙现在离起点59米，两人的速度为19.5米/分。

【例5】A、B两地相距259千米，甲车从A地开往B地，每小时行38千米；半小时后，乙车从B地开往A地，每小时行42千米。乙车开出几小时后和甲车相遇？

【分析与解】我们可以设乙车开出x后小时和甲车相遇。相遇时，甲车共行了38×（$x+0.5$）千米，乙车共行了42x千米，用两车行的路程和是259千米来列出方程，最后求出解。

解：设乙车开出x小时和甲车相遇，根据题意列方程，得

$$38×（x+0.5）+42x=259$$

$$80x=240$$

$$x=3$$

答：乙车开出3小时后和甲车相遇。

【小试牛刀】甲、乙两地相距658千米，客车从甲地开出，每小时行58千米。1小时后，货车从乙地开出，每小时行62千米。货车开出几小时后与客车相遇？

实战演练

1. 一只蜘蛛有8条腿，一只蜻蜓有6条腿，如果蜘蛛、蜻蜓共有腿450条，蜘蛛的只数是蜻蜓只数的3倍，那么蜻蜓有多少只？

2. 水果店购进苹果和雪梨共20箱，付出465元。已知苹果每箱25元，雪梨每箱20元，那么水果店购进雪梨多少箱？

3. 甲、乙两人分别以每小时6千米和每小时4千米的速度从相距30千米的两地向对方的出发地前进，当两人第二次相距15千米时，他们共走了多少小时？

4. 甲粮仓有120吨面粉，乙粮仓有96吨面粉，甲粮仓每天运进20吨面粉，乙粮仓每天运进8吨面粉。几天以后，甲粮仓的面粉吨数是乙粮仓面粉吨数的2倍？

5. 一辆汽车从甲地开往乙地，平均每小时行20千米。到乙地后又以每小时30千米的速度返回甲地，往返一次共用7.5小时。求甲、乙两地间的路程。

6. 南京长江大桥是新中国第一座自己设计建造的铁路、公路两用桥，清晨，一列长228米的火车，以每秒20米的速度通过南京长江大桥，共用了350秒。那么桥的全长是多少米？

第16讲　余数问题

1. 了解什么是余数问题。
2. 掌握三大余数定理及中国剩余定理的应用。

知识凝练

一、带余除法的定义及性质

一般地，如果a是整数，b是整数（$b \neq 0$），若有$a \div b = q \cdots\cdots r$，也就是

$$a = b \times q + r \qquad\qquad ①$$

其中q是商，r是余数，并且$0 \leq r < b$。

（1）当$r=0$时，我们称a可以被b整除，q称为a除以b的商或完全商；

（2）当$r \neq 0$时，我们称a不可以被b整除，q称为a除以b的商或不完全商。

式①称为带余数除法，也就是：

被除数=除数×商+余数

被除数−余数=除数×商

由此可知，被除数与余数的差能被除数整除，也能被商整除。这样一

来，研究带余数的除法问题就可以转化为整除问题。根据带余数除法，我们可以推导出余数有如下一些重要性质（余数定理）。

性质：余数一定小于除数。

二、三大余数定理

（一）余数的加法定理

a与b的和除以c的余数，等于a，b分别除以c的余数之和，或这个和除以c的余数。

例如，23，16除以5的余数分别是3和1，所以23+16=39除以5的余数等于4，即两个余数的和（3+1）。

【注意】当余数的和比除数大时，所求的余数等于余数之和再除以c的余数。

例如，23，19除以5的余数分别是3和4，所以23+19=42除以5的余数等于3+4=7除以5的余数，即2。

（二）余数的乘法定理

a与b的乘积除以c的余数，等于a，b分别除以c的余数的积，或者这个积除以c所得的余数。

例如，23，16除以5的余数分别是3和1，所以（23×19）除以5的余数等于$3 \times 1=3$。

【注意】当余数的积比除数大时，所求的余数等于余数之积再除以c的余数。

例如，23，19除以5的余数分别是3和4，所以（23×19）除以5的余数等于$3 \times 4=12$除以5的余数，即2。

【注意】对于上述2个定理，我们都可以推广到多个自然数的情形，尤其余数的乘法定理，在解决含有"一个数的n次方"的相关题型时非常有用。

（三）同余定理

如果两个数a，b除以同一个数c得到的余数相同，则a，b的差一定能被c整除。

【例例分析】

【例1】□÷6=8……□，根据余数写出被除数最大是几？最小是几？

【分析与解】除数是6，根据余数比除数小，余数可填1，2，3，4，5，根据被除数=除数×商+余数，又已知商、除数、余数，可求出最大的被除数为6×8+5=53，最小的被除数为6×8+1=49。

【小试牛刀】□÷□=8……15，要使除数最小，被除数应为几？

【例2】两数相除，商4余8，被除数、除数、商数、余数四数之和等于415，则被除数是_____。

【分析与解】因为被除数减去8后是除数的4倍，所以根据和倍问题可知，除数为（415-4-8-8）÷（4+1）=79，所以，被除数为79×4+8=324。

【小试牛刀】已知被除数与除数的和是118，商是13，余数是6，求被除数与除数。

【例3】一个两位数除以13的商是6，除以11所得的余数是6，求这个两位数。

【分析与解】因为一个两位数除以13的商是6，所以这个两位数一定大于$13 \times 6 = 78$，并且小于$13 \times (6+1) = 91$；又因为这个两位数除以11余6，而$78 \div 11$余1，这个两位数为$78 + 5 = 83$。

【例4（余数的乘法定理）】求$478 \times 296 \times 351 \div 17$的余数。

【分析与解】先求出乘积再求余数，计算量比较大。可以根据余数的乘法定理，先计算出各因数除以17的余数，再求余数之积除以17的余数。

$478 \div 17 = 28 \cdots\cdots 2$

$296 \div 17 = 17 \cdots\cdots 7$

$351 \div 17 = 20 \cdots\cdots 11$

$2 \times 7 \times 11 = 154$

$154 \div 17 = 9 \cdots\cdots 1$

余数为1。

【例5】哪些数除以7能使商与余数相同？

【分析与解】一个数被7除，余数只能是0，1，2，3，4，5，6七种情况，所以要使商与余数相同，商只能是0~6这七个数字。被除数=商×7+余数，因为余数=商，所以被除数=商×8，由此可知，所求的被除数就是0~6各数乘以8的积，即为0，8，16，24，32，40，48。

【例6】$\underbrace{777\cdots77}_{1996个7}$除以41的余数是多少？

【分析与解】

找规律：$7 \div 41 = \square \cdots\cdots 7$，$77 \div 41 = \square \cdots\cdots 36$，$777 \div 41 = \square \cdots\cdots 39$，$7777 \div 41 = \square \cdots\cdots 28$，$77777 \div 41 = \square \cdots\cdots 0$，……，所以77777是41的倍数，而$1996 \div 5 = 399 \cdots 1$，所以$777\cdots77$可以分成399段77777和1个7组成，那么它除

以41的余数为7。

$\underbrace{}_{1996个7}$

【例7】有一个大于1的整数，除300，262，205可得到相同的余数，则这个整数是几?

【分析与解】如果一个整数分别除两个整数，余数相同，那么这个整数一定能整除两个数之差。因此，所求的这个数应是300-262的约数，也是262-205的约数，还是300-205的约数，即所求的这个数是38，57，95的公约数。

因为38=2×19，57=3×19，95=5×19，所以所求的整数是19。

【例8】一个三位数除以17和19都有余数，并且除以17后所得的商与余数的和等于它除以19后所得到的商与余数的和。那么这样的三位数中最大数是多少，最小数是多少?

【分析与解】设这个三位数为s，它除以17和19的商分别为a和b，余数分别为m和n，则$s=17a+m=19b+n$。根据题意可知$a+m=b+n$，所以$s-(a+m)=s-(b+n)$，即$16a=18b$，得$8a=9b$，所以a是9的倍数，b是8的倍数。

此时，由$a+m=b+n$，得$n-m=a-b=a-\dfrac{8}{9}a=\dfrac{1}{9}a$。由于$s$为三位数，最小为100，最大为999，所以$100\leqslant17a+m\leqslant999$，而$1\leqslant m\leqslant16$，所以$17a+1\leqslant17a+m\leqslant999$，$100\leqslant17a+m<17a+16$，得到$5\leqslant a\leqslant58$，而$a$是9的倍数所以$a$最小为9，最大为54。

当$a=54$时，$n-m=\dfrac{1}{9}a=6$，而$n\leqslant18$，所以$m\leqslant12$，故此时s最大为$17\times54+12=930$；

当$a=9$时，$n-m=\dfrac{1}{9}a=1$，由于$m\geqslant1$，所以此时s最小为$17\times9+1=154$。

综上，这样的三位数中最大的是930，最小的是154。

实战演练

1. 算式（　　）÷7=（　　）……（　　）中，商和余数相等，被除数可以是哪些数？

2. 有一个除法算式，它的余数是9，除数和商相等，被除数最小是几？

3. 有一个整数，除以39，51，147所得的余数都是3，求这个数。

4. 除以107后，余数为2的两位数有＿＿＿＿＿＿＿＿。

5. $\underbrace{222\cdots22}_{2000个}$除以13所得的余数是＿＿＿＿＿＿＿＿。

6. 有一个数，除以3余2，除以4余1，这个数除以12余几？

参考答案

例【小试牛刀】

60066600

实战演练：

1. 804972；795972

2. 3421

3. 53210；69

4. 235

5. 9832

例1【小试牛刀】

$1998+2997+4995+5994$

$=（2000-2）+（3000-3）+（5000-5）+（6000-6）$

$=2000+3000+5000+6000-16$

$=16000-16$

=15984

例2【小试牛刀】

 2033+2032+2031+2030+2029+2028

=2030×6+（3+2+1−1−2）

=12183

例3【小试牛刀】

 338+196+62−96

=338+62+（196−96）

=400+100

=500

例4【小试牛刀】

 8623−（623−289）+552−（452−211）

=8623−623+289+552−452+211

=8000+（552−452）+（289+211）

=8000+100+500

=8600

例5【小试牛刀】

 856+1488+396−（256+288）−296

=856+1488+396−256−288−296

=（856−256）+（1488−288）+（396−296）

=600+1200+100

=1900

实战演练：

1. 2318+625−1318+375

   =2318−1318+（625+375）

   =1000+1000

   =2000

2. 1082+1085+1083+1084+1081+1080

   =1080×6+（2+5+3+4+1）

   =6495

3. 5623−（623−289）+452−（352−211）

   =5623−623+289+452−352+211

   =（5623−623）+（452−352）+（289+211）

   =5000+100+500

   =5600

4. 612−375+275+（388+286）

   =612−375+275+388+286

   =612+388−（375−275）+286

   =1000−100+286

   =900+286

   =1186

5. 756+1478+346−（256+278）−246

   =756+1478+346−256−278−246

   =（756−256）+（1478−278）+（346−246）

   =500+1200+100

   =1800

第3讲 速算与巧算（二）

例1【小试牛刀】

$2500 \div 125$

$= (2500 \times 8) \div (125 \times 8)$

$=20000 \div 1000$

$=20$

例2【小试牛刀】

（1）$(750+120) \div 30$

$=750 \div 30+120 \div 30$

$=25+4$

$=29$

（2）$(4600-92) \div 46$

$=4600 \div 46-92 \div 46$

$=100-2$

$=98$

例3【小试牛刀】

$351 \times 30 \div 117 \times 5$

$=351 \div 117 \times 30 \times 5$

$=3 \times 30 \times 5$

$=450$

例4【小试牛刀】

（1）$521 \times 276 \div 138$

$=521 \times (276 \div 138)$

$=521 \times 2$

=1042

（2）$100 \div （25 \div 8）$

  $=100 \div 25 \times 8$

  $=4 \times 8$

  $=32$

实战演练：

1. $125 \times 25 \times 32$

  $=125 \times 25 \times 4 \times 8$

  $=（125 \times 8）\times （25 \times 4）$

  $=1000 \times 100$

  $=100000$

2. $261 \times 37 \times 27$

  $=236 \times （37 \times 3 \times 9）$

  $=236 \times （111 \times 9）$

  $=236 \times 999$

  $=236 \times （1000-1）$

  $=236000-236$

  $=235764$

3. $939 \times 48 \div 313 \div 6$

  $=939 \div 313 \times （48 \div 6）$

  $=3 \times 8$

  $=24$

4. $（7 \times 16 \times 10 \times 12）\div （4 \times 5 \times 6）$

  $=7 \times 16 \times 10 \times 12 \div 4 \div 5 \div 6$

=7×（16÷4）×（10÷5）×（12÷6）

=7×4×2×2

=112

5. 209÷35+142÷35+314÷35

=（209+142+314）÷35

=665÷35

=19

第4讲　巧妙求和

例1【小试牛刀】

项数：（100-2）÷2+1=50

　2+4+…+98+100

=（2+100）×50÷2

=102×50÷2

=2550

例2【小试牛刀】

（1+3+5+…+201）-（2+4+6+…+200）

=1+（3-2）+（5-4）+（201-200）

=1+1+1…+1

=101

实战演练：

1. 1+2+3+…+99+100

=（1+100）×100÷2

=5050

2.（279-9）÷9+1=31

   9+18+27+36+…+270+279

=（9+279）×31÷2

=4464

3.（1+3+5+…+2001）-（2+4+6+…+2000）

 =1+（3-2）+（5-4）+…+（2001-2000）

 =1+1+1+…+1

 =1001

4. 31+30+…+2+1

=（31+1）×31÷2

=496（次）

答：至多要试496次。

5.（56-20）÷4+1=10

   20+24+…+56

=（20+56）×10÷2

=380（页）

答：这本书共有380页。

第5讲　加法原理（一）

例【小试牛刀】

5+4+3=12（种）

实战演练：

1. 3+2+1=6条，

当有n个点时，（n-1）+（n-2）+…+2+1=（n-1+1）×（n-1）÷2=

n（n-1）÷2（条）。

2. 4+3+2+1=10（个），

当有n条边时，（n-1）+（n-2）+…+2+1=（n-1+1）×（n-1）÷2= n（n-1）÷2（个）。

3.（3+2+1）×2=12（个）

4. 两个骰子必须同为偶数，或同为奇数。

当第一个是奇数时，第二个可为1，3，5；

第一个是偶数时，第二个可为2，4，6。

也就是说第一个无论是几，第二个都有三种情况跟它相配合，

因此有6×3=18（种）。

5. 10+5+9+2=26（种）

答：共有26种不同的走法。

第6讲　加法原理（二）

例【小试牛刀】

由登上第1级有1种方法，登上第2级有2种方法，可得出下面一串数：

1，2，3，5，8，13，21，34，55，89，144，233，…

其中从第三个数起，每个数都是它前面两个数之和，

所以登12级台阶89+144=233（种）。

答：共有233种不同登法。

实战演练：

1. 借一辆车只有1种方法；

借两辆车可以1辆1辆的借，也可以两辆一起借，所以共有2种方法；

借3辆车有3种方法；

借4辆车有2+3=5（种）方法

……

以此类推，借10辆车有34+55=89（种）方法（如下表格）。

已借几辆车	1	2	3	4	5	6	7	8	9	10
借走的方法数	1	2	3	5	8	13	21	34	55	89

答：把这10辆车全部借给亮亮有89种不同借法。

2. 解：为了便于理解，可以将本题转变为"上10级台阶，每次上2级或3级，共有多少种上法？"因为每次取2或3辆，所以借1辆车的方法数是0，借2辆和借3辆的方法数都是1，借4辆的方法数是借1辆与借2辆的方法数之和，即0+1=1。依此类推，借n辆玩具车的方法数是借（$n-3$）辆与借（$n-2$）辆的方法数之和。所以，这串数（借法数）中，从第4个起，每个数都是它前面第3个数与前面第2个数之和。借完10辆共有7种不同取法（如下表格）。

借的辆数	1	2	3	4	5	6	7	8	9	10
借法数	0	1	1	1	2	2	3	4	5	7

答：把这10辆车全部借给亮亮有10种不同借法。

3. 首先，若只有一辆，则只有1种借法；

若只有两辆，则有2种借法，即一辆一辆地借（1+1）、一次借两辆（2）；

若有三辆，有4种借法：一辆一辆地借（1+1+1）、一次借一辆+两辆（1+2）、一次借两辆+一辆（2+1）、一次借三辆（3）；

若要借第N辆，则前一次必须是$N-1$、$N-2$、或$N-3$辆，

因此$A_4=A_1+A_2+A_3=1+2+4=7$

$A_5=A_2+A_3+A_4=2+4+7=13$

这样得到一个数列1，2，4，7，13，24，44，81，149，274，第10个数是274，即为答案。

4. 题目要求从左上向右走，所以走到任一点，例如下图中的D点，不是经过左边的E点，就是经过上边的F点。如果到E点有a种走法（此处a=10），到F点有b种走法（此处b=5），根据加法原理，到D点就有（a+b）种走法（此处为10+5=15）。我们可以从左上角A点开始，按加法原理，依次向下、向右填上到各点的走法数（见下图），最后得到共有56条不同路线。

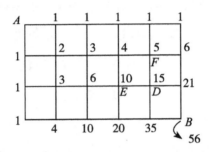

5. 本题同以上这道题的解答，增加了C点这道障碍，不能通过C点，解答如下图，根据加法原理，得出的答案是55。

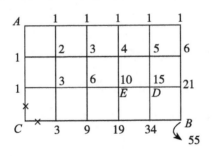

第7讲 乘法原理

例1【小试牛刀】

3×2=6（种）

例2【小试牛刀】

3×2×1=6（个）

例3【小试牛刀】

5×4×3=60（种）

例4【小试牛刀】

4×4×4=64（个）

实战演练：

1. 5×3=15（种）

2. 20×30×40=24000（种）

3. 6×10×8×6=2880（种）

4. 6×5×4×3×2×1=720（种）

5. 5×4×3×2=120（种）

6.（1）4×5=20（个）（2）4×4=16（个）

第8讲 找规律

例【小试牛刀】

（1）规律是第1个数是1的平方，第2个数是2的平方，第3个数是3的平方……如此类推，第5个数是5的平方，那就是25，因此答案为25。

（2）从第3个数开始，前面两个数之和就是后面那个数，因此5+8=13，答案为13。

实战演练：

1. 本题的规律是单数数字的位置是5的倍数，双数数字的位置是6的倍数，第一个空是第4个5的倍数，因此是4×5=20，第二个空是第4个6的倍数，也就是4×6=24。答案分别为20，24。

2. 根据题目要求，得出规律为横着看，旁边两个数字的乘积就是中间那个数字，因此8×8=72，即72为答案。

3. 根据题目要求，得出规律为括号里面两数之和为12，因此12-9=3，即3为答案。

4. （3）98+89=（9+8）×11=17×11=187

5. （3）54-45=（5-4）×9=1×9=9

第9讲 归一问题和归总问题

例1【小试牛刀】

640÷（240÷3）=8（天）

例2【小试牛刀】

70×6÷5=84（千米）

实战演练：

1. 620÷2÷2=155（个），155×3×6=2790（个）

2. 456÷4÷6=19（千克），19×7×10=1330（千克）

3. 840÷2÷2=210（平方米），6300÷（210×6）=5（分）

4. （1200-40×10）÷（40+10）=16（天）

5. 30×5÷25=6（元）

第10讲 鸡兔同笼问题

【小试牛刀】

已知鸡比兔多36只，如果把多的36只鸡拿走，剩下的鸡兔只数就相等了，拿走的36只鸡有2×36（只）脚，可知现在剩下792-72=720（只）脚，一只鸡与一只兔有6只脚，那么兔有720÷6=120（只），鸡有120+36=156（只）。

实战演练：

1. 方法一：说明假设的35只兔子中有23只不是兔子，而是鸡。由此可以列出公式：鸡数=（兔脚数×总头数-总脚数）÷（兔脚数-鸡脚数）。

假设35只都是兔子，那么就有35×4=140（只）脚，比94只脚多了140-94=46（只）。每只鸡比兔子少4-2=2（只）脚，那么共有鸡46÷2=23（只），

共有兔35-23=12（只）。

方法二：说明假设的35只鸡中有12只是兔。由此可以列出公式：

兔数=（总脚数-鸡脚数×总头数）÷（兔脚数-鸡脚数）。

还可以假设35只都是鸡，那么共有脚2×35=70（只），比94只脚少了94-70=24（只）脚，每只鸡比兔子少4-2=2（只）脚，那么共有兔子24÷2=12（只），共有鸡35-12=23（只）

2. 假设全是鸡，鸡脚有60×2=120（只），鸡脚比兔脚多120只，一只兔看成1只鸡，4+2=6（只），120-60=60（只），兔的只数为60÷6=10（只），鸡的只数为60-10=50（只）。

3. 方法一：假如再补上28只鸡脚，也就是再有鸡28÷2=14（只），鸡与兔脚数就相等，兔的脚是鸡的脚4÷2=2（倍），于是鸡的只数是兔的只数的2倍。

兔的只数是（100+28÷2）÷（2+1）=38（只），鸡是100-38=62（只）。

当然也可以去掉兔28÷4=7（只）。

兔的只数是（100-28÷4）÷（2+1）+7=38（只），鸡是100-38=62（只）。

方法二：假设有50只鸡，就有兔100-50=50（只）。此时脚数之差是4×50-2×50=100（只），比28只多了72只，就说明假设的兔数多了（鸡数少了），为了保持总数是100只，一只兔换成一只鸡，少了4只兔脚，多了2只鸡脚，相差为6只（千万注意，不是2）。因此，要减少的兔数是（100-

28）÷（4+2）=12（只），兔只数是50−12=38（只）。

4. 如果30间都是小宿舍，那么只能住4×30=120（人），而实际上住了168人。大宿舍比小宿舍每间多住6−4=2（人），所以大宿舍有（168−120）÷2=24（间）。

5. 从总数入手，由题意可知他们一共打了25×12=300（页）。假设25天都是李明打的，那么打的页数是15×25=375（页），比实际打的多375−300=75（页），而李明每天比张亮多打15−10=5（页），所以张亮打的天数是75÷5=15（天），李明打的天数是25−15=10（天）。

6. 假设他全答对了，应该得18×8=144（分），实际上少了144−92=52（分），每答错一道题少8+5=13（分），答错了52÷13=4（道）题。

7. 张明得分（208+64）÷2=136（分），根据鸡兔同笼，张明脱靶（20×10−136）÷（20+12）=2（发），射中8发。

8. 解：20÷（4−2）=10（个）

（50−10×2）÷（1+2）=10（个）（大桶）

10+10=20（个）（大桶数量）

50−20=30（个）（小桶数量）

9. 假设26只都是孔雀，那么就有脚26×2=52（只），比实际的少80−52=28（只），这说明孔雀多了，需要增加犀牛和羚羊。每增加一只犀牛或羚羊，减少一只孔雀，就会增加脚数4−2=2（只）。因此，孔雀有26−28÷2=12（只），犀牛和羚羊总共有26−12=14（只）。

假设14只都是犀牛，那么就有犄角14×1=14（只），比实际的少20−14=6（只），这说明犀牛多了羚羊少了，需要减少犀牛增加羚羊。每增加一只羚羊，减少一只犀牛，犄角数就会增加2−1=1（只）。因此，羚羊的只数为6÷1=6（只），犀牛的只数为14−6=8（只）。

10. 可以把这两种气球看作一种，每个价格是（1.5×2+1×3）÷

（2+3）=1.2（元）。从公式可算出，大气球个数是（120-1.2×55）÷（3-1.2）=30（个）。买中、小气球钱数各是（120-30×3）÷2=15（元），可买10个中气球，15个小气球。

11. 由于总钱数110元是整数，小巴和地铁票也都是整数，因此乘电车前往的人数一定是5的整数倍。如果有30人乘电车，110-1.2×30=74（元）。

还余下50-30=20（人）都乘小巴钱也不够。说明假设的乘电车人数少了。

如果有40人乘电车，还剩110-1.2×40=62（元）。

还余下50-40=10（人）都乘地铁前往，钱还有多（62>6×10），说明假设的乘电车人数又多了。在30至40之间，只有35是5的整数倍。

现在又可以转化成"鸡兔同笼"问题了：

总头数为50-35=15，总脚数为110-1.2×35=68。

因此，乘小巴前往的人数是（6×15-68）÷（6-4）=11（人）。

第11讲 盈亏问题

【小试牛刀】

吃的天数为（48+8）÷（6-4）=56÷2=28（天），

萝卜数为6×28-8=160（个）或4×28+48=160（个）。

实战演练：

1. 两种方案分配结果相差18-6=12（本），这是因为两次分配中每人所发的本数相差10-7=3（本），相差12本的学生有12÷3=4（人）。练习本有4×7+18=46（本）。

2. （18-6）÷（15-13）=6（人），15×6-18=72（块）。

3. 迟到3分钟转化成米数为50×3=150（米），提前2分钟到校转化成米数为60×2=120（米），距离上课时间为（150+120）÷（60-50）=27（分），笑笑家到学校的路程为50×（27+3）=1500（米）。

4. 这笔钱买13千克杜果味还差4元，若把这13千克杜果味换成奶糖就会多出13×2=26（元），所以这笔钱买13千克白兔奶糖会多出26-4=22（元）。而这笔钱买15千克奶糖会多出2元，所以每千克奶糖的价格为（22-2）÷（15-13）=10（元），林老师共带了10×15+2=152（元）。

5. 因为"每千克牛肉比猪肉贵3元"，所以同样买10千克猪肉的话，就剩了3×10-6=24（元），这样化成普通的盈亏问题，猪肉的价钱是：（24-4）÷（12-10）=10（元），所以淘气奶奶带的钱数是12×10+4=124（元）。

6. 露露家的人数为［2×2+4+（12-2）］÷2=（8+10）÷2=9（人）。

7. "最后一天只要做1道题目"相当于还少4道题目，所以这是一盈一亏问题。

［16+（5-1）］÷（5-3）=10（天），

10×3+16=46（道）。

8. 先把大班人数和小班人数转化为一样。大班减少3人，则又收回3×5=15（个）苹果，人数一样，根据盈亏问题公式，小班人数为（15+10+2）÷（8-5）=9（人），苹果总数是8×9-2=70（个）。

第12讲 还原问题

【小试牛刀】

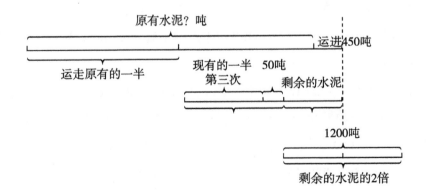

结合以上线段图及倒推法：

剩余水泥的吨数为1200÷2=600（吨），现有水泥的一半为600+50=650（吨），

现有水泥的吨数为650×2=1300（吨），原有水泥的一半为1300-450=850（吨）。

原有水泥的吨数为850×2=1700（吨）。

实战演练：

1. 577-30-3=543

2. 10 5 23 9

3. 44个

4. 原来有10个棋子，所以小乐一共拿出了7颗棋子。

5.（32，32）-（48，16）-（24，40）-（44，20），故原来两堆棋子各有44和20个。

第13讲　平均数问题

【小试牛刀1】

由题意可知，5个数的和为1500÷5=300，所以平均数应为300÷5=60。

【小试牛刀2】

原来有13个数，总和是（5+17）×13÷2=143，拿走一个数还有12个数，总和为10.75×12=129，那么拿走的数是143-129=14。

实战演练：

1. ①跳绳总个数。

$93+94+85+92+86+88+94+91+88+89+92+86+93+90+89$

$=90×15+（3+4+2+4+1+2+3）-（5+4+2+2+1+4+1）$

$=1350+19-19$

$=1350（个）$

②每人平均每分钟跳多少个?

$1350÷15=90（个）$

2. 平均身高为$182-8÷4=180$（厘米），这名队员身高$180-8=172$（厘米），或$（182×4-8）÷4=180$（厘米），$180-8=172$（厘米）。

3. ①什锦糖的总价：$4.40×2+4.20×3+7.20×5=57.4$（元）。

② 什锦糖的总千克数：$2+3+5=10$（千克）。

③ 什锦糖的单价：$57.4÷10=5.74$（元）。

4. 由五个数的平均数是9，可知这五个数的总和是$9×5=45$。其中一个数改为1后，五个数的平均数为8，则现有五个数的总和是$8×5=40$，被改的这个数减少了$45-40=5$，可见这个被改动的数原来是$1+5=6$。

5. 前四天运的大米的平均数是$（83+74+71+64）÷4=73$（吨），第五天运进的大米是$73+32=105$（吨）。

6. $（88×3+83×2）÷5=430÷5=86$（元）。

7. 因为笨笨熊、机灵狗和乖乖兔的平均用时为4分钟，所以总用时为$4×3=12$（分）。因为笨笨熊、机灵狗、乖乖兔和小黄鸭的平均用时为5分钟，所以总用时为$5×4=20$（分），所以小黄鸭的用时为$20-12=8$（分）。

8. 后两个数的总和是$7×6-8×4=10$，则后三个数的总和是$10+11=21$，后三个数的平均数为$21÷3=7$。

9. 总成绩高$3×5=15$（分），第五次需要高$15-1-2-3-4=5$（分），第五次至少应考$84+5=89$（分）。

10. 这本小说的页数为$50+55+60+65+70+75+45=420$（页）。

11. A，B，C三人总分为95×3=285（分），B，C，D三人总分为944×3=282（分），所以A比D多了285-282=3（分）。又因为A是第一名，E是第三名得96分，故而A为98分、D为95分，或者A为100分、D为97分。当A得98分、D得95分、E得96分时，B与C得分之和为285-98=187（分）。B与C之中必有一人得第二名97分，那么另一个就得了187-97=90（分），与题中条件"每人得分都大于91"不符。当A得100分时，D是第二名97分，E是第三名96分，B与C共得分285-100=185分，只能是92分、93分，都符合题意。因此D得了97分。

12. 三段路的平均速度为4千米/时，而赵爷爷每天行走3小时，所以共行走了3×4=12（千米）。

第14讲 一元一次方程

例1【小试牛刀】

解：（1）$x=4$；（2）$x=0.5$。

例1【小试牛刀】

解：$x=2$

实战演练：

1.解：（1）$x=6$　（2）$x=5$

2.解：$x=2.8$

3.解：$x=1.5$

4.解：$x=150$

5.解：设这个数是x。

$$15x+48=273$$

$$15x+48-48=273-48$$

$$15x=225$$

$$15x \div 15 = 225 \div 15$$

$$x = 15$$

6. □=3

第15讲 列方程解应用题

【小试牛刀】

解：设货车开出 x 小时两车相遇，根据题意列方程，得

$$(58+62)x = 658-58$$

$$x = 5$$

答：货车开出5个小时两车相遇。

实战演练：

1. 解：设蜻蜓有 x 只，则蜘蛛就有 $3x$ 只，根据题意列方程，得

$$6x + 3x \times 8 = 450$$

$$30x = 450$$

$$x = 15$$

答：蜻蜓有15只。

2. 解：设购进了雪梨 x 箱，根据题意列方程，得

$$20x + 25 \times (20-x) = 465$$

$$20x + 500 - 25x = 465$$

$$500 - 5x = 465$$

$$5x = 35$$

$$x = 7$$

答：水果店购进苹果7箱。

3. 解：设共走了 x 小时，根据题意列方程，得

（6+4）x=30+15

10x=45

x=4.5

答：共走了4.5小时。

4．解：设x天后甲粮仓的面粉吨数是乙粮仓面粉吨数的2倍，根据题意列方程，得

120+20x=2（96+8x）

120+20x=192+16x

120+20x－16x=192+16x－16x

120+4x=192

120+4x－120=192－120

4x=72

4x÷4=72÷4

x=18

答：18天以后，甲粮仓的面粉吨数是乙粮仓面粉吨数的2倍。

5．解：设去时用x小时，则返回时用（7.5－x）小时，根据题意列方程，得

20x=30（7.5－x）

x=4.5

20×4.5=90（千米）

答：甲、乙两地间的路程是90千米。

6．解：设桥长x米，根据题意列方程，得

x+228=350×20

x+228=7000

x=6772

答：桥的全长是6772米。

第16讲　余数问题

例1【小试牛刀】

解：题中余数是15，除数应比余数就是比15大，比15大的有很多，但其中最小的应该是16。16是最小的除数，根据商×除数+余数=被除数，就可以求出被除数了，所以应是8×16+15=143。

例2【小试牛刀】

解：从被除数中减去余数6，恰好是除数的13倍，它与除数的和是118-6=112。112是除数的14=（13+1）倍，所以除数是112÷14=8，被除数为118-8=110。

实战演练：

1. 题目中告诉我们除数是7，商和余数相等，因为余数必须比除数小，所以余数和商可为1，2，3，4，5，6，这样被除数可以是8，16，24，32，40，48。

2. 余数要比除数小，除数最小是10，被除数最小是109。

3.（解法1）39-3=36，147-3=144，（36，144）=12，12的约数是1，2，3，4，6，12。因为余数为3，且要小于除数，所以这个数是4，6，12；

（解法2）由于所得的余数相同，得到这个数一定能整除这三个数中的任意两数的差，也就是说它是任意两数差的公约数。51-39=12，147-39=108，（12，108）=12，所以这个数是4，6，12。

4. 从107里减去余数2，得107-2=105，所以105是除数与商两数相乘的积，而105=3×5×7，可知这样的两位数有15，21，35。

5. 因为222222=2×111111

$$=2 \times 111 \times 1001$$

$$=2 \times 111 \times 7 \times 11 \times 13$$

所以222222能被13整除。

又因为2000=6×333+2，$\underbrace{222\cdots22}_{2000个}=\underbrace{222\cdots22}_{1998个}+22$，22÷13=1……9，所以要

求的余数是9。

6.（解法1）除以3余2的数有：2，5，8，11，14，17，20，23，…，

它们除以12的余数是：2，5，8，11，2，5，8，11，…；

除以4余1的数有：1，5，9，13，17，21，25，29，…，

它们除以12的余数是：1，5，9，1，5，9，…；

一个数除以12的余数是唯一的。上面两行余数中，只有5是共同的，因此这个数除以12的余数是5。

（解法2）一个数，除以3余2，除以4余1，可以理解为除以3有余数，除以4有余数，所以这个数减去5后，既能被3整除，又能被4整除。设这个数为a，则$a=12m+5$（m为自然数），所以这个数除以12余5。